人生が変わる朝の言葉

●

ひすいこたろう

SB
サンマーク文庫

「朝は人の心を素直にします」

by

山口 衛

（経営コンサルタント）

人生が変わる朝の言葉　目次

本文デザイン：中村善郎（Yen Inc.）
本文写真：
©SHAKTI/a.collectionRF/amanaimages
©KOICHI SAITO/a.collectionRF/amanaimages
©AUGUST MOON/orion/amanaimages
©MountainHardcore / Shutterstock.com
©EricGevaert / Shutterstock.com
© ヒロ難波 / PIXTA (pixta.jp)
編集協力：鷗来堂
編集：平沢 拓（サンマーク出版）

十月十日（トツキトオカ）と書いて朝（アサ）。

朝が来るたびに、僕らは生まれ変わっている。

「朝」という漢字をよく見てください。
「十月十日」という字が隠れています。

十月十日、それは受精卵であった私たちが、
お母さんのおなかの中で成長して、
生まれてくるまでの歳月になります。
だから、私たちは、生まれてきてからも、
朝が来るたびに生まれ変わっているのです。

どんなに疲れていても、
どんなに苦しい夜でも、
どんなにつらい夜でも、
次の朝、起きたときに
すっかり元気になって
また一日がんばれるように。

私たちは朝に救われている。
朝はいつでもあなたの味方だ。

私たちは毎朝、
生まれ変わっている。
今日はどんな
生まれ変わりをするのか、
楽しみですね。

あなたの体は、さっき食べたものでできているように
あなたの心は、さっき味わったコトバでできています。
とびっきり新鮮な朝のコトバをご用意しました。

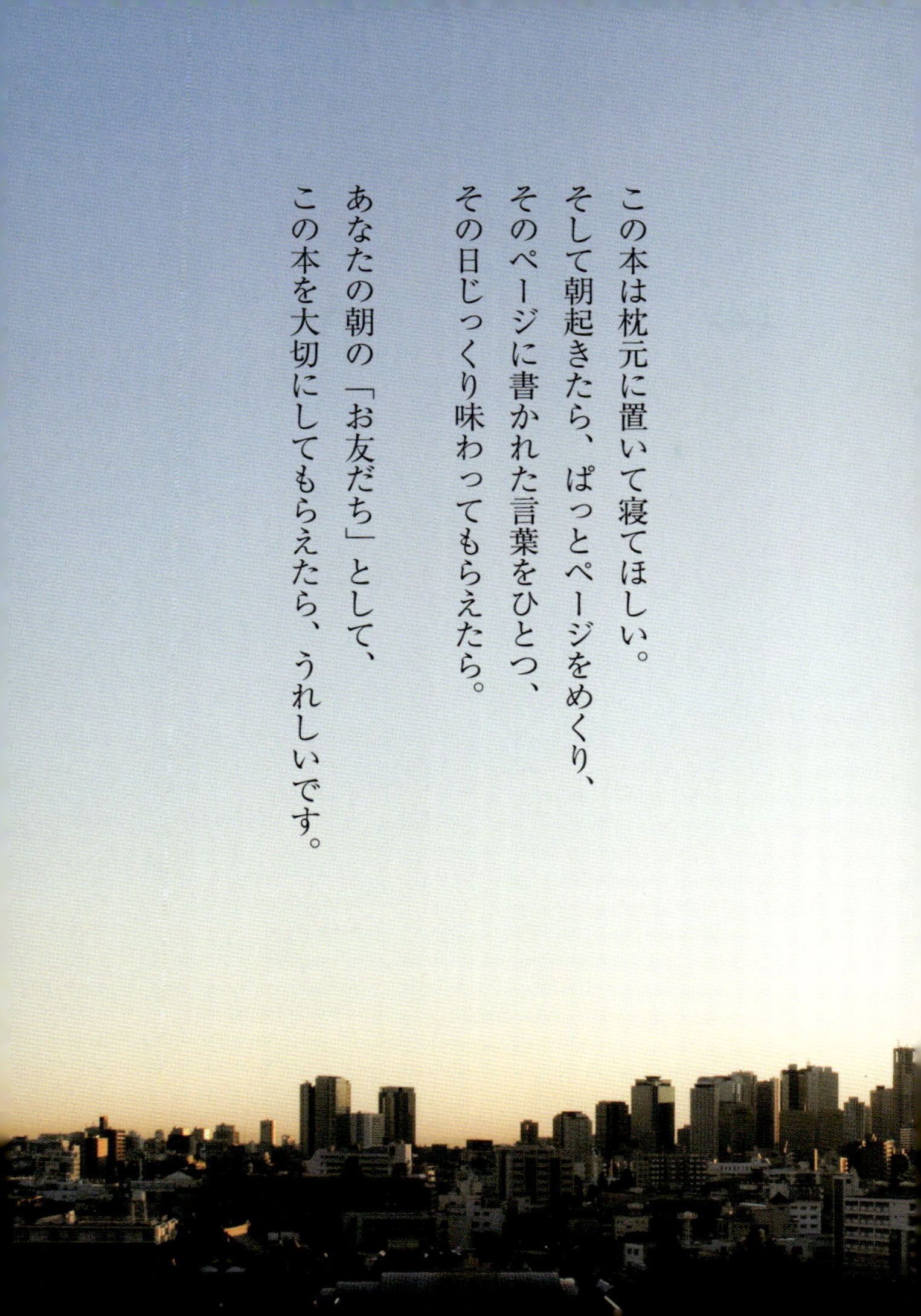

この本は枕元に置いて寝てほしい。
そして朝起きたら、ぱっとページをめくり、
そのページに書かれた言葉をひとつ、
その日じっくり味わってもらえたら。

あなたの朝の「お友だち」として、
この本を大切にしてもらえたら、うれしいです。

GOOD MORNING!

コトバのソムリエ　ひすいこたろう

01

「いつも世界のどこかで朝が訪れている」

by
リチャード・ヘンリー・ホーン
（イギリスの詩人）

日本でお昼ごはんを食べているとき、ロシアのモスクワでは朝を迎えています。
日本で3時のおやつを食べているとき、イギリスのロンドンでは朝を迎えています。
日本で夕ごはんを食べているとき、ブラジルのサンパウロでは朝を迎えています。

あなたが生まれた時刻、「オギャー」と泣いたあの瞬間も、どこかで朝日は差し込んでいました。あなたが、フラれてうちひしがれていたあのときも、どこかで朝日が差し込んでいた。
いま、この瞬間も、どこかで朝日が差し込んでいる。

朝だ。朝だ。朝がきた。

忘れないでね。

夜明け前が一番くらいから。

忘れないでね。

どんなときにも、希望はあるから。

忘れないでね。

明けない夜はないから。


1853年、ときは幕末。

ペリーの黒船来航から、日本は激動の幕をあけます。

まず、マグニチュード8・4の安政東海地震が起きます。今度は、その翌日。

豊予海峡を震源とするマグニチュード8・4の巨大地震があり、さらに、1年もしないうちに、今度は首都江戸が激震。

わずか1年の間に、東日本大震災クラスの未曽有の巨大地震が3連発で来ているのです。

しかし、日本人はそのすべての逆境を乗り越えて、ザ・レボリューション！

大混乱のなかにも希望を失わず、それどころか、約800年続いた武家社会に終止符を打ち、アジアのなかで、いち早く近代化に成功。日本は、新しい朝を迎えたのです。

どんなときにも、希望を見いだせるんだ。
最悪をバネにして最高を生み出せるんだ。
何があったって絶対だいじょうぶなんだ。
それを証明し続けてきたのが日本人です。

今度は僕らの番です。

グッドモーニング。いま、まさに新たな革命のとき。

ニューモーニング。いま、まさに新たな日本の夜明け。


自分一新。日本一新。

新しい朝を迎えよう

今日のめざまし
サプリメント

「新しい自分と出会いたい」

そう強く願ってごらん。

そのとき、心に陽はまた昇る。

02

by

哀川 翔

（俳優）

「太陽は最高」

「日の出より早く起きると、『勝った！』と思う」

そう語るのは、俳優の哀川翔さん。結婚を機に「遅寝遅起き」から「早寝早起き」へと生活リズムを一変。夜は8時に寝て朝は4時に起きるそうです。

著書『早起きは「3億」の徳』（東邦出版）の中で（3文ではなく3億です！）、哀川アニキはこう語っています。

「早起きすると時間を有効に使えるようになって、結果、人生の目的が明確になる。テンション上がってやる気が出るから、今やるべきことをちゃんとやれるようになるし、時間に余裕があると、人間にも余裕が出る。朝の静かな時間は感性を鋭くさせていいひらめきも生まれる。それに身体も心も若返るし、間違いなく健康になるよ」

哀川アニキは、趣味が多いことでも知られています。

国内A級ライセンスを保持し、世界ラリー選手権では、N3クラスでクラス優勝してしまうほどのレースの腕前。釣りやクワガタなどの昆虫にも詳しく、専門番組にゲストとして呼ばれるほど。それでいて、映画の主演作が100本を超えている偉業ぶりです。それもこれも全部、早起きをすることで生じる時間の余裕から生まれたものだそうです。

さて、今度は僕の話です。先日、ある人と打ち合わせをすることになりました。相手が指定してきた待ち合わせの時間は6時半。

最初はてっきり夕方の6時半だと思ったのですが、「えええええええ!? 朝6時半集合ですか!?」。そうです。グッドモーニングだったのです。遠足よりも早いんですけど……。

相手は、「朝はいいですよ！　ひすいさんもだまされたと思って早起きしてみましょうよ」と気合いたっぷり。相手の情熱にすっかり圧倒されてしまった僕は、思わず、「ハイ。では朝6時半に」と答えてしまいました。

さて、当日の朝6時半。原宿駅、明治神宮前集合。

おかしい……。あたりを見回すと……僕しかいない。Only me？

「朝6時半集合」と言い出した肝心の打ち合わせ相手がきていない。

……遅刻かい!!

あ、でもホントだ。

「時間に余裕があると、人間にも余裕が出る」

哀川アニキが言う通り、まったくイライラしない！（笑）

とはいえ、相手の人も、10分遅れですぐ来たんですけどね。

確かに、朝の打ち合わせ、アイデアが出るわ出るわ！

朝一番で明治神宮に参拝。静謐《せいひつ》な朝の神社の空気が心地よく、しかも、打ち合わせが終わったのが朝9時。たっぷりひと仕事終えたのに、まだ朝9時なんです！

この時間感覚、すごく新鮮で、気持ちが豊かになりました。

ちなみに、この打ち合わせ相手こそ、この本の編集者さんです（笑）。
太陽が一番美しい姿を見て1日を始める。
美しい1日にならないはずがありません。

今日のめざまし
サプリメント

明日は早起きして、
太陽に、こう挨拶しよう。
「太陽さん、あんたサイコーだよ」

03

by

インドの聖典

「すべての知恵は朝とともに目覚める」

恐るべし朝！

僕がそう痛感したのは、伊勢神宮の朝を体験したときでした。

4月の伊勢。朝4時の静寂。

開門時刻は朝5時でしたが、4時から伊勢神宮のすぐ前を流れる五十鈴川《いすずがわ》、そして山の付近を散歩してみたのです。

まだあたりは深い闇に包まれている時間。伊勢の山と川は、ただならぬ気配を発していました。正直、怖いくらいでした。同時に、「神様って、ホントにいるかもしれない」、そう肌で感じました。

僕は、思わず川の流れに両手をつけて、水を感じ、大地を感じ、神様に祈らずにはいられませんでした。怖さと敬意が入り交じる「畏怖《いふ》」という感情は、先人たちが早朝の自然を見て、生み出した言葉かもしれない、そう思いました。

次第に、周囲の闇が、明け方の深い青に移り変わっていく。それがもう、本当に美しくて。伊勢神宮には何度も来ていましたが、早朝に見せる表情は、まったく別次元のものでした。

1時間ほど散歩して、朝5時前。僕は伊勢神宮の鳥居の前で開門を待っていました。すると、「どこから来たんだい？」とおじさんに声をかけられました。なんと、そのおじさん、6年間毎朝、伊勢神宮まで30分かけて散歩にきているのだとか。特別な願かけでもしているのかと思い聞いてみると、「叶《かな》えたいことなど何もないよ。ただ、朝の空気の中を歩くって、それだけで幸せだよ」。おじさんはそう言っていました。

朝日が当たりだすと、木々たちは、緑に燃えるかのように色づき、輝き始めました。朝日はすべてを美しく彩っていきます。

「最後の晩餐《ばんさん》」や「モナ・リザ」などで知られる芸術家、レオナルド・ダ・ビンチは『絵画論』の中で、こう語っています。

「薄暗い住居の入口のところに座っている人物の顔は光と影の作用によって非常に美しく見える」

薄暗い住居の入口とは、明るい屋外と暗い屋内のちょうど境目です。闇と光が切り替わる境界、そこにこそ「美」が宿る、ということです。

闇から光に切り替わる境界線、それが朝です。

交感神経と副交感神経が切り替わる境目、それが朝5時頃です。


伊勢神宮の朝を知った日、僕は朝に惚《ほ》れてしまいました。以来、出張先や旅先では、できるだけ朝4時に起きて散歩しています。その地が、朝見せてくれる表情を知らずに、その地を知ったことにはならない。そうはっきりとわかったからです。

一度でいいから、朝に〝惚れる〟機会を自分にプレゼントしてあげてほしい。
すると、早起きが楽しくなります。

出張先で、朝4時に起きて散歩しているという話をすると、「ひすいさんは朝に強いんですね」と言われます。
いやいや違います。僕はもともと朝に強いタイプではありません。むしろ、ずっと夜型でした。ただ、伊勢で僕は朝に惚れてしまったのです。大好きな人とのデートに決して遅刻して行かないように、朝に惚れてしまったから、朝に早く会いたい。だから起きられるようになったのです。

一度でいいから、朝に惚れてください。
伊勢でおじさんが言ってくれた言葉――。

「叶えたいことなど何もないよ。ただ、朝の空気の中を歩くって、それだけで幸せだよ」
本当にそうだとわかりますから。

今日のめざまし
サプリメント

この週末は朝に惚れる旅にでよう。

04

by
斎藤一人
（実業家）

「今日はいい日だ」

朝を制する者は世界を制する。

そう、言われることがあるわけですが、では、どのように朝を制すればいいのか。その方法をズバリご紹介しましょう。


筆と紙をいますぐ用意してください。まず、紙に「大」と書いてください。その下に「吉」と書いてください。そうです。「大吉」。これを天井に貼るのです。以上です。

以上をもって、本日の「朝を制する」はすべて終了となります（笑）。


鳥は最初に見たものを親だと思う「刷り込み」という現象があります。この「刷り込み」、応用しない手はありません。毎朝、一番初めに目にするものこそ、あなたの人生を決めるからです。

明日の朝、目をあけた瞬間にあなたの瞳に飛び込んでくる文字は、「大吉」です。目をあけて0・1秒で「大吉」。もうこれで、その日は決まりです。

「よっしゃー。大吉！」と目覚めてください。

「『よし、朝だ！』というのも、『あーあ、朝か……』というのも、あなたの考え方次第だ」

by ウエイン・ダイアー（アメリカの心理学者）

そうです。大吉次第ということです（笑）。どう思うか？　それがすべてなのです。

部屋に貼る言葉は、こんな言葉でもいい。

「私はもっと幸せになってもいい」

「私は大切にされる存在だ」

「私はツイてる」

こうありたいという自分に許可を出してあげるといいのです。部屋に貼ると家族に見られて恥ずかしい、ということであれば携帯の待ち受け画面にするのでもいい。

ここで、生涯に5000億の資産を築いたといわれる松下電器産業（現パナソニック）の創業者、松下幸之助の話をさせていただきましょう。

ある夏の日の夕方、松下幸之助は、船べりに腰を下ろしていました。しかし、船員が足を滑らせて幸之助に抱きつき、ふたりともズドンと海に落ちてしまったのです。これはツイてません。このとき、幸之助は海から上がったときにこう言ったそう。

「自分には運があると思いました」

いや、いや、いや、海に落ちてるんですから、どう見ても、ツイてません。

でも、松下幸之助はこう言ったのです。

「もしこれが夏ではなく、冬だったら死んでいたでしょうな。自分には運があると思いました」

海へ落ちようがツイてる。何があってもツイてる。そう思える人がツイてる人だということです。

「事実」が人生をつくるのではないんです。

あなたがどう捉えるか、あなたの「心」が人生をつくるのです。

だから、毎日大吉、今日はいい日だって思って生きていけばいいのです。

冒頭の言葉「今日はいい日だ」は、累計納税額日本一の商人、斎藤一人さんがおすすめしている言葉です。先々のことを考えて悩んでいる人と、どんなときも「今日はいい日だ」と言っている人とではオーラが違うそうです。ツイてる人とは、何があっても「ツイてる」と言っている人なのだとか。松下幸之助さんと斎藤一人さん、ふたりの日本を代表する高額納税者が同じことを言っています。

何が起きるかが問題なのではない。

起きたことをどう受け止めるか。
それが本当の問題なのです。

今日のめざまし
サプリメント

「今日はいい日だ」
1日10回つぶやこう。

05

by

岡本太郎

（芸術家）

「意志を強くする方法なんて
ありはしない。
そんな余計なことを考えるな」

「想像するのもイヤだ！」。それくらい苦手なことってありませんか？

僕の場合は、バンジージャンプ。

高所恐怖症の僕は（閉所恐怖症でもあります）、バンジージャンプという言葉にすら恐怖を感じます。文字を見るだけであそこが縮こまります。遊園地では、どんなに子どもたちにバカにされてもジェットコースターには乗りません。


そんな僕に、ある先生がバンジージャンプの秘訣《ひけつ》を教えてくれました。

「ひすいさん、バンジージャンプの秘訣って、なんだと思います？」

なんだろう？　その先生は、こう教えてくれました。

「バンジージャンプの秘訣って、位置についたら、ただ歩くだけなんですよ」


位置についたら、ただ歩くだけ。

当たり前のことですが、これを応用すると、早起きだってカンタンにできるようになるんです。
早起きのスペシャリスト、早起きの効用研究の第一人者・税所弘さんは、朝早く起きるためのコツをこう教えてくれています。

「ただ、『ガバッ』と起きる。これだけのことだ」と。

目覚まし時計が鳴ると同時に、布団を蹴飛ばして、部屋の隅の方へ押しやる。しかもそっとではなく、「ガバッ！」と飛び起きる。それによって体にいい刺激が与えられ、一気に覚醒するのだとか。「眠い」「あと10分寝たい」とか余計なことは一切考えず、目覚まし時計が鳴ったら、ただ、「ガバッ」と布団をすっ飛ばせばいい。位置についたら歩くだけ、というコツを使った、いわば、考える隙を与えない「ガバ起き」スタイル。これぞ早起きの真髄でしょう。

いきなり「ガバッ！」ができない場合の秘策もあります。クルクル転がりながら布団の外に出るのです。それでもダメそうなら、床で正座するといいそうです（笑）。

僕の場合は、イタリアのブランド名を拝借して、「ドルチェ＆ガッバーナー！」と叫びながら、ガバッと起きます。ただのガバつながりだけなんですが、声に出すと思いのほか、気持ちいいのでおすすめです！ ガッバーナの「バー」にアクセントを置くのがとくに気持ちいいです（笑）。

最後に、奥の手を公開しましょう。目覚ましが鳴ったら、普通は「眠い〜」という状態だと思うのですが、僕は違います。ガバッと起きて、冷蔵庫へまっしぐらに走るんですね。「よっしゃー。朝スイーツいただき〜」と。そうです。朝スイーツを用意しておくのです。作戦名は「スイーツ朝の陣」。これで、目覚めの不快は快に変わります。

朝食べたものはエネルギーとして消費されやすいですから太りにくい。一石二鳥です。朝こそ、「スイーツ・ゴールデンタイム」。これ、覚えておいて

ください ね。

ちなみに、最近は、スイーツのかわりに、朝一番にハチミツをペロリとなめるのがマイブームです。

あと、早起きのコツとしては、夜のご飯を腹八分に止めると、消化に使う体力を温存できるので、睡眠時間が短くなっても体にあまり負担を感じません。あわせてお試しください。

今日のめざまし
サプリメント

さあ、明日の朝は、

「ドルチェ&ガッバーナー!」

と布団をガバッと蹴飛ばそう。

06

by

デール・カーネギー

（アメリカの実業家）

「世の中でもっとも耳に
甘く響くよい音楽は
自分の名前の響きである」

僕は人前で話すのが苦手でした。

苦手どころか昔はまったく話せなかったんです。

一番の親友の結婚式のスピーチでも、途中で何を話してるかわからなくなり、その場で突然、カミムラくんという友だちに代わってもらったことがあるくらいです（カミムラくん、あのときはごめんな）。

だからこそ、書いて伝える道を選んだわけですが、そんな僕が出版パーティーで50人の前で話さなくてはいけなくなってしまったのです。

会場近くのホテルに部屋をとってあったので、僕は1時間前にそこにこもりました。恥ずかしながら、緊張で足がガクガク震えてきました。あまりに緊張した僕は、気づいたら、「ひすいこたろう大丈夫。ひすいこたろう大丈夫。ひすいこたろう大丈夫」と声に出して名前を言っていたのです。

ひすいこたろう、大丈夫。

ひすいこたろう、大丈夫。

ひすいこたろう、大丈夫。

……不思議でした。

「大丈夫」って言葉とともに、自分の名前を声に出して言っていたら、妙に心が落ち着いてくるのを感じました。まるで何者かに守られてるような、優しく包まれてるような気持ちになりました。名前の響きって何かある。このとき、直感しました。

そして、気づいたんです。

「名」を「言」う。

それこそが究極の「名言」じゃないか、と。


後に知ったヒーラーの寺尾夫美子さんの著書『ヒーリングレッスン　オーラの綺麗な人になる』（河出書房新社）には、こう書かれていました。

「私たち個人の名前は、各人の波動を正す力を持っており、名前で呼ばれることには、自分力エネルギーを活性化させる働きがあります」

名前を声に出して唱えると、エネルギーが調節されて波動が高まるのだそうです。

自分の名前の響きこそ、自分を癒やす周波数だったのです。

まさに、自分の名前こそ、世の中でもっとも耳に甘く響く最高の音楽だったのです。

名前、それは、両親の祈り。あなたに幸せになってほしいという願いを込めた祈り。

たとえ、どんな親だったとしても、あなたがこの星に存在していられるのは、両親のおかげです。名前を大切にすることは、自分を大切にすることであり、それこそ最高の親孝行です。

朝こそ、自分の名前を声に出して、この宇宙に響かせよう。

（また、挨拶するときは、「おはよう、こたろうさん」といった感じで、相手の名前を呼んであげるのもいいですね）

今日のめざまし
サプリメント

今日は、自分の名前を、筆ペンで、史上最高に丁寧に書いてみよう。「ありがとう」「ありがとう」「ありがとう」と自分に感謝を伝えながら。

07

by
伊達政宗
（戦国時代末期の武将）

「朝夕の食事は、うまからずとも褒めて食うべし」

娘が小学生の頃、娘の話に、よく出てくる男の子がいました。

その男の子は、クラスの人気者で、彼は転校生で、転校してきた初日から人気が出たというのです。彼のあるひと言から……。

その男の子は転校初日になんと言ったのか？　給食の時間にこう言ったとか。


「なんなの⁉」

「なんなの⁉」

「なんなの⁉　ここの給食、チョーうまいんだけど！」


公立の小学校だから、給食にそんな違いはないはずなんです（笑）。でも、このひと言はすごい。

いままで食べていたものを褒められるって、みんなうれしいと思います。

たとえば「ヨネヤマさんってかわいいね」と言っても、ヨネヤマさんしか喜びませんが、「ここの給食、チョーうまいんだけど！」と言ったら、クラスのみんなが悪い気はしないですよね。そして、日頃の給食にあらためてありがたみを感じる子もいたかもしれない。

さらに、このひと言でみんな笑った。

「なんなの!? ここの給食、チョーうまいんだけど！」

たったひと言でクラス全員をうれしい気持ちにさせて、笑いまで生み出す。かつて、給食の時間に、これほどすごい名言が繰り出されたことがあったでしょうか（笑）。

「うまいうまい」って食べる人。こういう人ってすごくモテると思います。食べ物をおいしそうに食べる人って、やっぱり好かれます。食べ物を大切にする人、食べ物に感謝できる人、そういう人こそ信頼できると思います。

だって、考えてみてください。僕らの体は、さっき食べたものでできているんです。

食べ物を大切にすることは、命を大切にすることです。

ちなみに幕末のサムライで、最も愛された男といってもいい西郷隆盛も、「なんなの!? ここの給食、チョーうまいんだけど」派の男でした。いつも食事のときに、妻のいとさんの料理にひと口ひと口、「おいしゅうございます。おいしゅうございます」と言って食べていたそうです。

「おいしい。おいしい」って食べてると、まずくても、2割増しでおいしくなるから不思議です（笑）。

さらに、空腹の時間をいつもより2時間増やすと、さらにおいしくいただけます。すると、食事のたびに、至福を感じられるようになります。

おいしいって、それだけで、毎日が幸せになります。

今日のめざまし
サプリメント

今日の食事は、ひとつひとつ味わいながら、
「おいしゅうございます。
おいしゅうございます」と声に出そう。

08

by

西田幾多郎

（哲学者）

「物を知るには、
これを愛さねばならず、
物を愛すには、
これを知らねばならない」

この原稿を書いている今日、東京は朝から雨です。

先日、無農薬でお米を育てている、ある農家さんを訪ねました。その農家さんはこう言っていました。

「お米を作るようになって、変わったことといえば、雨の日がうれしくなりましたね」

僕たちが普段、「あー、今日は雨かぁ。うっとうしい」なんて思っている日、農家さんにとっては、それは恵みの雨なんです。

また、寒い日が続いたときなんかは、お湯をたくさん田んぼに持っていき、水面が凍らないようにずっとあたためていたりするのだそう。農家さんって、子どもが熱を出したときに、ひと晩中寄り添うお母さんみたいなんです。「土の状態はどうかな。水の状態はどうかな。雑草はどうかな」と、いつも気を配っているのです。

あなたが今日食べるお米、そのひと粒ひと粒が、どれだけ愛情込めて送り出されたお米なのか、考えてみたことはありますか？　そこに思いをはせながらごはんをいただくこと。それ以上の贅沢《ぜいたく》はないように思います。田植え体験をするのもおすすめです。お米がいとおしくなります。土の、なんともいえないあたたかさにも気づけます。

「いただきます」という言葉は、食材の命をいただくことに対してお礼を述べる言葉です。

「ごちそうさま」は、農家さんや漁師さんをはじめ、食材を作ってくれた人、また、運んでくれた人へ感謝の気持ちを伝える言葉です。

「ごちそうさま」。漢字で書くと「ご馳走さま」。「馳走」とは「走り回る」という意味で、目の前のごはんをいただくことができるのは、多くの方が走り回ってくれたおかげですよ、という意味です。

冒頭の西田幾多郎の言葉にあるように、食事の背景にあるものを少し想像するだけで、食事は、愛が循環する時間になります。

食べることを大切にする人は、自分の命を大切にできる人です。食べることに感謝できる人は、自分の命に感謝できる人です。

さっき食べた、お米、ジャガイモ、ニンジン、豚、鳥は、あなたの命になってくれたのです。彼らは、これから、あなたの一部として生きるのです。そこに思いをはせると、自然に、自分のこの「命」を何か大切なものに「使」いたくなってきます。そこから始まるものが、あなたの「使命」です。

「いただきます」は、あなたの一部になってくれる食材の命に対する感謝。「ごちそうさま」は、そのために関わってくれた皆様すべての人への感謝。感謝に始まり、感謝に終わる。それが食べることであり、生きることです。

「いただきます」「ごちそうさま」という言葉。最高に美しい日本語だと思います。

今日のめざまし
サプリメント

食事は命への感謝と祝福の時間。
さて、この命を何に使おう?

09

by
一休宗純
（室町時代の禅僧）

「大丈夫だ。心配するな。なんとかなる」

本を書くうえで絶対にこれだけは守る。そんな「ルール」が僕にはあります。
ここぞという重要なエピソードを書く前には、食べすぎないというルールです。おなかがいっぱいになると、指の感性が落ちる気がするからです。

文章は、「脳」ではなく、キーボードを叩《たた》く「指」で考えている、僕にはそんな実感があるのです。だから、指をとても大切にしているし、必ず週に1回、ツメを丁寧に切り、清潔に保っています。

さて、その日は、『人生が100倍楽しくなる名前セラピー』（マイナビ）という本のラストメッセージを書こうという日だったので、気合いの入った僕は妻にこう告げました。
「今日は朝ごはん食べないから、俺の分は用意しなくていいから！」

すると妻は、

「そんな心配しなくていい！　最初からあんたの分、作ってないから！」

衝撃でしたね。朝から、心臓止まりそうでしたね。僕はその日の朝、悟りました。人生は、一休さんのいうとおり、ほんとうに「大丈夫だ。心配するな」ってことなんだなと。「朝ごはん、俺の分は用意しなくていい」。そんな心配する必要は一切なかったんだ！（笑）

あなたも、過去を思い出してみれば、そのことがわかるはずです。過去に訪れたピンチ、そのすべてがみんな、なんとかなってきましたでしょ？

そうです。なんとか、なるんです。

なんとかなるどころか、苦しかったときほど、あなたは成長しているし、学んでいるし、そこに人生のギフトがあったはずです。

あらゆる困難は祝福なのです。

すべての心配に、なんくるないさ～♪（なんとかなるよ、の沖縄言葉）。
ちなみに息子はこの言葉を英語だと思っていたことが、最近発覚しました。

今日のめざまし
サプリメント

今日は、ノートにすべての心配ごとを書き出そう。
そしてその隣に、ひとつひとつ
「なんくるないさ～」と書き足していこう。

10

by
高杉晋作
（幕末の志士）

「僕は金輪際、二度と『困った』という言葉は吐かない」

「おまえら、みんな牛になれ！！！！」

知人の結婚式の席、友人代表のスピーチで、酔っ払ってそう発言した方がいます。新郎新婦はじめ、もう会場騒然です。


でも、スピーチはこう続いたんです。

「牛はな、モー。モー。モー。モー。モー。モー。モー。モー。モー。モー。モーと、なくけど、モーダメとは決して弱音を吐かないんだ。だから、おまえら、みんな牛になれ！！！！」

その方、もう完全に酔っ払っていたわけですが、言ってることはグッときましたね。実は、グッドモーニングの「モー」は牛からきていますからね（ウソです）。


弱音を吐かないほうが夢が叶《かな》うと、漢字も教えてくれています。

「＋」（プラス）の言葉を「口」にするから、夢は「叶」うと。

「－」（マイナス）の言葉を口に出すと、「叶」うはずの夢も「吐」き出してしまうことになるのです。

さて、ここから本題です。

かの有名な幕末の革命児・高杉晋作。彼は、時には命を狙われて逃げ回り、功山寺の挙兵では、たった84人で、2000人もの軍隊に勝負を挑み、あげくには、天下の徳川幕府を敵にまわして、15万人もの軍勢を相手に戦った男です。まさに、波瀾万丈《はらんばんじょう》で、15分おきに困ったことが勃発するような、嵐のような人生でしたが、本人は、一度も困っていません。なぜなら、「困った」って言わなかったからです（笑）。

高杉晋作は、「苦しいという言葉だけはどんな時でもよそうじゃないか」と、一切の弱音を吐かなかったのです。自分に誓っていたからです。「もう、二度と僕は困ったと言わない」と。そして、弱音を吐かずに見事に大業を成し遂げ、日本に新しい朝をもたらしたのです。

苦しいときは、みんな苦しいんです。だから苦しいと感じるのはいいんです。すべての感情は湧き上がるものですから、それはそれでオッケーです。ただ、そのうえで、どうするかは自分で決めることができる。言葉や行動は自分で決めることができる。

弱音は吐かないと決める。生き方を決めるって、美しいなと思うんです。損得で生きるのではなく、感情に流されるわけでもなく、美しさで生きる。それこそ、美学です。

「おもしろき　こともなき世を　おもしろく」

高杉晋作が死ぬ前に残した辞世の句です。

面白くもなんともないこの世の中を、俺は面白く生きてみせたぜ。おまえはどうだ？　そんな句です。

ちなみに余談ですが、映画「男はつらいよ」の中で、寅さんは一度も、「つらいよ」という言葉を口にしていません。

今日のめざまし
サプリメント

今日だけでもいい。弱音は吐かない、グチを言わないと誓おう。

（早起きすると、少なくとも「忙しい」ってグチを言わなくなりますよ）

11

by
ひすい息子

「ワリワリは宇宙人だ」

「ワリワリハ、ウチュウジンダ」

その日は、耳元で、そうささやかれて起きました。

息子が小学生のとき、わが家では毎朝、息子が僕を起こしにきてくれました。毎朝、いろんなバージョンで起こしてくれたのですが、その日は、朝、わが家に宇宙人が来襲したという設定で起こしてくれたわけです。

「ワリワリハ、ウチュウジンダ。ワン」って。

それ宇宙人じゃなくて、犬だから！


さて、今朝はあなたも宇宙人のつもりで1日を過ごしてみよう。

何もかも新鮮に思えるはずです。

上司に怒られたときも、こう思えばいいのです。

「ソウカ、チキュウジンハ、コンナササイナコトデ、オコルノカ。オモシロイナ」

今日のめざまし
サプリメント

ワリワリハ、コノ地球に70年の休暇を
もらって遊びにきたウチュウジンダ。
今日はナニして遊ブ?
ワン!

12

by
加藤千恵
（歌人）

「まっピンクのカバンを持って
走ってる楽しいほうが
あたしの道だ」

先生が黒板に文字を書いてるすきにタイガーマスクの仮面をかぶる……。中学時代、先生にこんないたずらを仕掛けた男がいます。先生は振り返ると、そこに突如、タイガーマスクが座っているので「ひゃーーー」と叫び声を上げるわけです。

これを1時間目から5時間目までやり、いろんな先生のリアクションを楽しむんです。

なかにはこんな反応をした先生がいました。

「何してんだ！！！！」

カンカンに怒る先生。それに対して、彼はゴホゴホとセキ込んで、ひと言。

「今日、風邪ぎみでマスクを……」

すると、先生は「マスク違う！！！！　おまえのマスク、口だけ出てる！」

いたずらって大人になるとやらなくなる。でも、たまにやってみませんか？

「楽しいほうが　あたしの道」。そんなふうに生きていた子どもの頃を思い出せますから。

今日のめざまし
サプリメント

今日は、いたずらの日。
上司に、恋人に、友人に、
クスッと笑えるいたずらを仕掛けよう。

「マスク違う！！！！！！
おまえのマスク、口だけ出てる！」
by 先生

「NO MUSIC, NO LIFE.」

13

by

TOWER RECORDS

（CD ショップチェーン）

神社は音を聞く場所、なんだそうです。

たとえば、伊勢神宮はまず鳥居をくぐったあと、川のせせらぎを聞き、本殿へ行くまでにもジャリ、ジャリ、ジャリ、ジャリと10分以上、石の音のなかを歩くようになっています。

同じように、古い神社はたいてい近くに川があり木があります。だから、川のせせらぎの音、木の葉の揺れる音が聞こえてきます。そして拍手《かしわで》、鈴と、神様との対面では必ず音を鳴らします。

水で体を清め、音で心を清める。それが神社の働きです。

「『訪れ』とは『音連れ』。神様は音を伴って現れる」

ことだま研究の山下弘司先生からそう教えていただいてから、最近、風の音を聞くのが楽しいんです。雨の音を聞くのだ楽しいんです。鳥の声を聞くのが楽しいんです。

人は1日に6万回ちかくもアレコレ考えごとをしてるそう。無意識に1日6万回も、過去を悔やみ、未来をアレコレ心配してるのです。だから、僕らの意識は、いつも過去か未来にいて、意識が肝心な、いま、ここにいないのです。

過去や未来の心配、考えごとにとらわれているとき、まわりの音が聞こえなくなります。

そのとき、心は考えることだけにへばりついて、〝いま、ここ〟にいません。

まわりの音が聞こえているとき、心はちゃんと〝いま、ここ〟にいます。

音は、いま、ここにあるものだからです。

奇跡は、いま、ここで起きるものです。

過ちは、「過」ぎ「去」ったと書いて「過去」。

「未《いま》」だ「来」ないと書いて「未来」。

「現」に「在」るのは「現在」だけです。

現在は英語でいうと「プレゼント」です。いま、ここ、現在にこそプレゼント（祝福）は存在するのです。

いまからしばらくの間、ゆったり、まわりの音を聞いてみてください。

同時に、自分の呼吸を感じてみてください。

感じてみました？　その感覚です。

いま、あなたは、あなたのハートとともにあります。

宮本武蔵が、天下にうたわれた剣豪・柳生石舟斎《やぎゅうせきしゅうさい》と試合をしたときのことです。武蔵は柳生石舟斎に斬りかかっていきますが、石舟斎は彼を手ではたき、武蔵は道場に転がってしまいます。そのとき、柳生石舟斎はこう言ったとか。

「武蔵よ、鳥の鳴き声が聞こえていたか？」

武蔵は闘いのさなか、鳥の鳴き声が聞こえていなかった……。

相手しか見えていなかった……。

柳生道場の門の横には、こう書いてありました。

「鳥の声を聴け」

武蔵が無敵の人生を歩み始めるのは、鳥の声を聞けるようになってからなのです。

余裕がなくなって、いっぱいいっぱいになったときこそ、深呼吸。そして、まわりの「音」を「楽」しむ気持ちで音に耳を傾けてみてください。それがほんとの「音楽」ですから。

今日のめざまし
サプリメント

今日は早朝、神社に行って、
まわりの音を全身で感じて、
心をいま、ここに戻そう。

14

by

ウェルギリウス

（古代ローマの詩人）

「生きるからには歌いながら行こうよ。そうすれば道は退屈ではなくなる」

東日本大震災後、すぐにボランティアでかけつけた友だちが、被災地から携帯電話で撮った写真を送ってくれました。瓦礫《がれき》の下から芽吹いてきた花の写真でした。どんな状況でも、花は咲くんですね。そして、その花を咲かせる力は、あなたの中にもあるのです。

「宇宙にある力が、地球を動かし、木を育てる。君の中にある力と同じだ。さぁ、その力を使う勇気と意志を持つんだ」

これは、チャップリンの映画「ライムライト」のセリフです。

太陽のまわりを地球が回っている公転の力と、あなたを生かしている力は同じものです。

古代ギリシャの科学者、ピタゴラスはこう考えていました。

天体の、それぞれの惑星は回転しながら固有の音を発し、太陽系全体が音楽を奏でていると。ピタゴラスは、その音を「天球の音楽」と名づけました。

実は、人間の器官や細胞も音を発しており、それは、宇宙の星々が発する「天球の音楽」と本質的には同じものであるとピタゴラスは思っていたのです。

あなたの体の中の音と、宇宙の音は同じであると。

ピタゴラスは、現代でも使われている7音階（ドレミファソラシ）を作った人で、夜、眠りにつく前に、音楽で心を清めていました。音楽は、心のストレスを内側から消し去っていく力があるからと。ピタゴラスは、朝起きたときにも、1日の幸せを祈り、気力を満たす歌を歌っていたそうです。

「あなたへ」「虹の岬の喫茶店」「夏美のホタル」など、原作が続々映画化される人気作家の森沢明夫さんも、「朝のテンションは、鼻歌で上げる」と言っていました。

朝、自分はこういう気分になりたい、と思うのにふさわしい楽曲を探しておいて、それを鼻歌で「フンフンフフ～ン♪」とやりながら、歯を磨いたりシャンプーしたりするのです。すると、朝から最高のテンションになるのだとか。
今日は、朝から、歌いながら行こうよ。そうすれば、いつだって道は明るく照らされるから。

今日のめざまし
サプリメント

フンフンフフ〜ン♪
朝は鼻歌で始めよう。

15

by
ジュール・ルナール
（フランスの作家）

「毎朝、目を覚ますたびに、
お前はこう言ってもいいだろう。
目が見える。耳が聞こえる。
体が動く。気分も悪くない。
ありがたい！ 人生は美しい」

この宇宙における究極の奇跡、それは朝、目が覚めることです。

朝、目がひらく。これ以上の奇跡はあるのでしょうか？

徳川家康、坂本龍馬、アインシュタイン、マザーテレサ、どんなに有名な歴史上の人物だって、今朝、目を1ミリもあけることはできなかったのです。にもかかわらず、あなたは今朝、目覚めた。

この広大な宇宙の中で、生命が確認されているのは地球だけです。つまり、宇宙というのは、本来、死の空間なんです。死が普通なんです。にもかかわらず、あなたは今朝、目覚めた。

昨日亡くなった人だって、世界で10万人以上にのぼります。にもかかわらず、あなたは今朝、目覚めた。

今日、目覚めたということがどれだけすごいことなのか、わかっているでしょうか？

今日という1日を普通に過ごせることが、どれだけ素晴らしいことであるか、わかっているでしょうか？

韓国の小説「カシコギ」のなかにあった言葉ですが、昨日亡くなった方が、なんとかして生きたかった1日が今日なんです。

「明日、目覚めなければ1000億円あげます」と言われたらどうですか？

つまりは明日死んだら、ということですが。やっぱり、生きていたいですよね。

ということは、朝、目が覚めるというのは1000億円以上の価値があるのです。

仮に、1日1000億円で、時給計算すると、時給41億円です。わざわざ時給計算しなくてよかったですか？（笑）

「人生には2通りの生き方しかない。

ひとつは、奇跡など何も起こらないと思って生きること。

もうひとつは、あらゆるものが奇跡だと思って生きること」
by アルベルト・アインシュタイン（物理学者）

生きている、それ自体が奇跡なのです。


こんなことがありました。

ある日、東京ドームの近くを歩いていたときに、携帯電話が鳴りました。僕の仕事のミスから、裁判になるかもしれない、大きなトラブルに巻き込まれたことを告げる電話でした。僕はショックで腰が抜け、歩けなくなってしまいました。公園のベンチで横になり、茫然《ぼうぜん》としていました。気づくと、あたりは、もう真っ暗。

とりあえず立ち上がったら、歩けたので、電車に乗りました。すると、僕の隣には、電車のつり革をにぎり、無気力な表情の男性が立っていました。

僕はその男性にこう教えてあげたくなったんです。

「疲れてるように見えますけど、あなたは、いま、ほんとうはすごく幸せなんですよ。何も起きずに、昨日と変わらない1日を過ごせるって、本当に幸せなことなんですよ」

何も起きない、昨日と同じ1日を過ごせるって本当に幸せなことだったんだ。昨日までと同じ1日を過ごせなくなって、初めて僕はそのことに気づきました。

それから3か月、幸いそのトラブルは回避できたのですが、それからというもの、普通に目が覚めて、友だちとごはんを食べることが、どれだけ幸せなことなのかわかったんです。

何も起きない普通の毎日が幸せの本質です。

枕元に置かれた、宇宙からのとっておきのプレゼント。
それが今日という1日です。

今日のめざまし
サプリメント

毎朝、目を覚ますたびに、
あなたは、こう言ってもいいんです。
「この奇跡にありがとう」

16

by

伊坂幸太郎

（作家）

「明日死ぬとしたら、生き方が変わるんですか？」

ある女性のお話です。

彼女は、離婚がきっかけになり、自分を見つめなおしていたときに、「自分は何も学んでこなかった」と深く反省したそう。自分には何もない……。それで学び始めたのが「笑顔」でした。笑顔を練習するうちに、次第に自分が変わり始めた。その体験をたまたま縁があって幼稚園で話しました。すると喜ばれて、また別のところから話をしてくれるよう頼まれました。以来口コミで広まり、10年以上、全国を笑顔研修で飛び回っていた諏訪ゆう子さん。

諏訪さんはこう言っていました。

「人生において、変えてはいけないものと、変えなくてはいけないものがあると思うのですが、変えてはいけないものは絶対、笑顔。でも、その笑顔の大切さをどう伝えていくか、その表現方法は日々考えて毎日変えています」

そんな諏訪ゆう子さんにも、どうしても笑えない日というものがありました。

生きていればいろんなことがあります。「笑顔で人生変わるよ。笑顔って大切だよ」と伝えなければいけないのに、自分が笑えない。そんなときに、彼女のお友だちの写真家が撮った、戦地の子どもたちの写真に出会います。その子どもたちの表情を見て、彼女は衝撃を受けます。地雷が埋められていて、明日死ぬかもしれない子どもたちが、いままで見たこともないような素晴らしい笑顔をしている。

「なんで君たちはそんなふうに笑えるの？」

その写真家の方が聞いたら、子どもたちはこう答えたそうです。

「明日、死ぬかもしれないから、明日も生きたい……って毎日夢見てる。その夢に見た明日がいまだから、幸せだから笑ってるの」

以来、諏訪さんは、どうしても元気がでないとき、この写真を見て、笑顔のスイッチをＯＮにしていると僕に教えてくれました。

諏訪ゆう子さん、大切なことを教えてくれてありがとう。
この言葉、忘れないよ。

今日のめざまし
サプリメント

朝、鏡で自分の瞳を見てニコッと笑おう。
これから、夢に見た1日が始まります。

17

by
ピーター・ドラッカー
（経営学者）

「何のために存在するのか、
何のために活動するのか、
それを考えることが経営だ」

たとえば居酒屋なんかですごく動きのいいスタッフっていますよね。こちらの注文の気配をすぐにキャッチしてくれたり、笑顔がよかったり、気のきくひと言を言ってくれたり。

そういう人を見ると、なんでこの人はこんなに気がきくのだろう、こんなに楽しそうなのだろう、と気になります。その秘密を知りたくなり、「なんでそんなに気がきくんですか?」と、直接聞いちゃうこともあるのですが、聞いてるうちに次第に見えてきました。

その秘密――。

理由がわかってきたので、最近は「なんでそんなに気がきくんですか?」と聞かずにこう聞いたりします。

「いつ頃、自分のお店をひらこうと思ってるんですか?」

すると、相手はたいがい「なんでわかるんですか!?」と驚きます。

動きのいいスタッフって何が一番違うかというと、「目的」が違うんです。

何をやるにしろ、自分のいまやってることが未来にちゃんとつながっているとがわかっている。そのつながりがわかっているから、いま、目の前にいるお客さんに自然に心が入る。動きのいいスタッフってそういう感じなんです。


「どんな自分でありたいのか？」

「何が自分の幸せなのか？」

「どこへ行きたいのか？」

「それはなんのために？」


そこが明確になると、いまと未来の間にかけ橋がかかるのです。すると、いまという瞬間をもっと大切にしたくなるし、いまと未来がつながるから、未来からのサインが見えてくる。

先日、僕が通ってる美容院で、新人の子が入っていました。彼女は、まだ見習いなので、カットはできず、シャンプーしかやらせてもらえないわけですが、そのシャンプーがとても気持ち良かったので、「どうして美容師さんになろうと思ったんですか？」と聞いてみたんです。すると、子どもの頃、お母さんが美容院で髪をカットしてくると、すごくご機嫌になるのを見て、あんなにイライラしてたお母さんを美容師さんは笑顔にできるんだと感動して、この道を選んだとのこと。

彼女にとって、シャンプーは、汚れをとるための、ただ髪を洗う行為ではないのです。

彼女にとって、シャンプーとは、その人を癒やしてあげる行為なのです。笑顔のお母さんを増やしたいからなんです。

友人の映画監督、てんつくマンが、ある美容師さんにこんな詩を贈りました。

『美容師とは天使の仕事』
シャンプーとは
いやな思い出を流してあげること
カットとは
ひきずっている過去を切り落としてあげること
セットとは
心を整えてあげるということ
天使の仕事にいつも誇りを。

あなたの働く喜びはなんですか？
数ある仕事のなかで、なんでその仕事をやりたいって思ったんですか？
そしてあなたの仕事の本質は？
なんのためにそれをするのか？

そこを見つめ直すと、仕事の意味がまったく変わります。
愛から働くとき、あなたは最もあなたらしくなります。

今日のめざまし
サプリメント

なんのために働いてるのか？
今日は仕事の原点を見つめ直してみよう。

18

by
西洋の格言

「朝のわずかな時間は、午後の数万時間に匹敵する」

50年間増収増益。奇跡ともいえる会社があります。

業界ナンバーワンの利益率を誇る、お菓子のデパート「吉寿屋《よしや》」さんです。年収3000万円プレーヤーの正社員がいて、年収1000万円のパートさんまでいるそうです。さて、その高収益のヒミツは？

創業者の神吉武司さんは一番の要因に「早起き」を挙げ、「朝6時出社を300年先まで継続する」と宣言されています（笑）。

確かに、早起きの会社に不況なしといわれます。東京商工リサーチの調査によると、始業時間が8時、9時だとしても、会社の代表者が朝の7時までに出社している会社の倒産は、なんとゼロだそうです。倒産確率0パーセント！

「みなさんもだまされたと思って、いっぺん早起きしてみてください。続けていけば、業績は必ずよくなります」。神吉さんはそう語っています。

イエローハット創業者の鍵山秀三郎さん、ユニクロの柳井正社長、ワタミ創業者の渡邉美樹さん、楽天の三木谷浩史社長ら、早起きの経営者はとても多いのです。

もうひとつ、神吉さんの言葉をプレゼントしましょう。神吉さんが、社員によく伝えている言葉です。

「大きなことをしようと思っても、私にも、君らにもできない。君たちは日常の小さいように見えて大切なことをやってくれた方がありがたい。それこそが会社にとって重要なことなのだから」

野球のイチロー選手は、「小さいことを積み重ねるのが、とんでもないところへ行くただひとつの道」と言いました。

それは、雑草を見てもわかります。雑草は何時間見ていてもまったく成長してないように見えます。ほんとうにゆっくりとしか成長しない。しかし、それだけゆっくりでもアスファルトを突破する力をもっています。微力は無力じゃない。微力こそ無限につながる道なんです。
日常の小さいように見えて大切なことこそ、大切にしよう。
それは、掃除であり、挨拶であり、笑顔であり、そして、早起きです。

今日のめざまし
サプリメント

今日はいつもより30分早く出社しよう。

19

by
鈴木健二
（元NHKアナウンサー）

「『挨拶』とは何か？
それは『心を開いて相手に迫る』
ということである」

人相の悪い動物の表情すら一変させる、魔法の言葉をご紹介しましょう。

先日、スポーツカーの販売を手がけている社長さんとお会いしました。その社長さんが息子さんと牧場に行ったときのこと。牧場に、見るからに人相の悪い馬がいたそう。

馬は「ドクロ」という名前をつけられていた。確かに、ドクロとしかいいようがないほどのコワモテ。

その人相が悪い馬を前に、社長は息子さんに、ある「指令」を出しました。息子さんがその指令を実行すると……なんと人相の悪い「ドクロ」の表情が一変！　感じのいい顔に変わったのだとか。

その社長は、息子さんに何をさせたと思いますか？

挨拶《あいさつ》させたんです。

馬の前で自己紹介させた。

マザーテレサは「愛の反対は憎しみではなく、無関心です」と言いました。
つまり、関心（意識）を向けてあげるとは、愛を捧《ささ》げるということ。そして、
関心のオープニングセレモニーはいつだって「挨拶」なのです。
「おはよう♪」「こんにちは♪」「今日もよろしく♪」

気持ちいい朝は、気持ちいい挨拶から始まります。

今日のめざまし
サプリメント

「おはよう」
毎朝、まず、しっかり挨拶しよう。

20

by

大前研一

（経営コンサルタント）

「人間が変わる方法は3つしかない。
ひとつは時間配分を変える。
2番目は住む場所を変える。
3番目は付き合う人を変える。
この3つの要素でしか人間は変わらない。
もっとも無意味なのは
『決意を新たにする』ことだ」

人間が変わる方法は3つしかない、というわけですが、では、その3つのなかで、今日からすぐに変えられるものは？
そう。「時間配分」だけです。

結論。朝を生かせばいいのです。

「早寝、早起きは、人を健康にし、金持ちにし、そして賢くする」
by ベンジャミン・フランクリン（アメリカの政治家）

病院には共通点があります。入院すると、必ず早寝早起きさせられます。それは、早起きが治療の効率を高めるからです。体の免疫力は明け方頃、最も強くなるそうです。
いま、地球は24時間周期で自転していますが、太古の地球は違いました。地球は約25時間で回っていました。だから私たちの体内時計は、実は1日約

25時間で設定されていて、1時間ほどのズレがあるそうです。では、このズレはどうやって毎日修正されるのかというと、朝の光を浴びることでリズムが整えられているのです。

東邦大学医学部名誉教授の有田秀穂先生によると、朝日を浴びると、日の光の刺激が目の網膜から脳へ伝わり、セロトニン神経が活性化するのだそう。すると、心を穏やかにする脳内物質、セロトニンが分泌されます。

現在、日本には100歳以上の長寿者がおよそ2万人います。そのうち9割の人が夜は8時に寝て朝は4時に起きているとか。アメリカでは、100歳以上の長寿者が約8万人いますが、8割の人がやっぱり8時就寝、4時起床だそうです。

また、日本の男性と女性では平均寿命が約7歳違います。女性の方が長生きするのですが、女性の方が男性より大体1時間早起きであることも関係していそうです。

早起きにシフトすると、寿命まで延びそうですが、いかがでしょうか?
早起きとは、体を大切にすることでもあり、それは人生を大切にするということです。
早く寝れば早く起きられる。これが人生が好転する最大のコツです。

心を変えたいときこそ、体を変えるのです。
体を整えることは、心を整えることです。

頭をなでなで、顔をよしよし、胸とお腹をいいこ、いいこ。
あなたのために、一度も休むことなく働いてくれている体を、今日はいっぱいいたわってあげよう。

今日のめざまし
サプリメント

「毎日ごくろうさま」と
体にねぎらいの言葉をかけて、
今夜は早めに寝よう。

21

by
アンリ・ド・レニエ
（フランスの詩人）

「どうか僕を幸福にしようとしないでください。それは僕にまかしてください」

神様が地球を創造したときに、人間に、幸せを見つけ出す冒険をさせようと思ったそうです。地球上のどこかに幸せを隠し、探させようとしたのです。

では、幸せをどこに隠そうか？

これは、ヒンドゥー教に伝わる話なんですが、さて、あなたならどこに隠しますか？

まず、1人の神様が「山の一番高いところに幸せを隠そう」と言いました。

しかし、他の神様たちは「それ、めっちゃベタやん。あんた、それでも神？」（ひすい意訳）と大反対しました。

別の神様が「じゃあ、海の一番底に幸せを隠そう」と言いました。「一緒やん、ぜんぜんクオリティー変わってへんやん。それでもあんた神？」（ひすい意訳）とまたまた大反対。

神様たちは考えに考えた結果、こうしたのです。

「幸せを1人ひとりのハートの中に隠そう。それなら簡単に見つけられないだろう」

さて、どうでしたか？

あなたは見つけることができましたか？

目が見えない人はよく知っています。目が見えるって奇跡だって。飢餓で苦しんでいる人たちはよく知っています。明日ご飯が食べられるって決まっていることはほんとうにうれしいことだって。歩けない人はよく知っています。歩けるってそれだけで素晴らしいことを。歯医者にいる人はよく知っています。歯が痛くないって、それだけで最高にありがたいことだって。

幸せはいつかなるものではなく、いま、ここでなるものです。

幸せは気づくものだからです。

幸せは、もう、あなたのハートの中にあるんです。

だから、イエス・キリストはこう言っています。

「天国はあなたの手よりも足よりも近し」

ブッダはこう言っています。

「極楽浄土は今即、あなたの心の中にある」

僕の講演にたまにきてくれる、そば屋のご主人はこう言っていました。

「『すべての答えはそばにある』……そば屋の私が言うのもなんですが」

……そば屋さんが言うんだから間違いないんです！（笑）

今日のめざまし
サプリメント

今日は、家族をそば屋に誘って、
こう伝えよう。
「一番大事なものは、
一番そばにいてくれた。ありがとう」

22

by
辻井伸行
（ピアニスト）

「目は見えなくても、心の目は見えているので満足しています」

ピアニスト・辻井伸行さんのメロディーはどうしてこんなにも美しいのだろう……。過去のインタビュー映像を見ていたら、その答えを12歳だった頃の辻井伸行さんが教えてくれていました。

「がんばってくださいと（ピアノに）言ってキモチを込めると、すごく美しい音が出ます」

2009年6月8日、アメリカのヴァン・クライバーン国際コンクールで、日本人初の優勝という快挙を成し遂げた辻井伸行さん（当時20歳）。

目が見えない、全盲で生まれた伸行さんを支え続けてきたのはお母さんのいつ子さんです。伸行さんは生まれつき、音に鋭敏で掃除機や洗濯機の音にも泣き叫ぶほど反応した。全盲のわが子の行く末に不安を募らせ、本当につらかった時期もあったそうです。

ひと筋の光が差したのは、伸行さんが2歳のとき。

いつ子さんが夕食の支度をしながら、ジングルベルのメロディーを口ずさんでいたところ、どこからか、その歌声に合わせてピアノの音が響いてきた。それは、伸行さんの1歳の誕生日にプレゼントしたおもちゃのピアノの音でした。弾いていたのは2歳のわが子。ひとつでも好きなものを見つけられたことで、いい方向に向かい始めた。ここから18年間、親子の音楽の旅が始まりました。

「川のささやき」

この曲は、伸行さんが子どもの頃、お父さんに隅田川に連れていってもらった記憶を紡いで作った曲だそうです。

大きくて頼りがいのあるお父さんの手をにぎり、川べりの草むらを歩くたびにただよう若葉の薫りを思い出す……。太陽の光を包み込んだ温かい風が頬をくすぐる感覚を思い出す……。

視覚以外のすべての感覚が捉えたお父さんとの思い出。それをひとつ残らず心の宝箱へしまい込んだ。そう思わずにはいられない曲です。

彼のお父さんが、以前、仲行さんが言った言葉を教えてくれました。

「ボクは目が見えなくてもいいんだけど、もし1日だけ目が見えるなら……お母さんの顔を見たい」

見たいよね。見たいよね。この世に生み出してくれて、20年以上ずっと支えてくれたお母さんの顔、見たいよね。大好きな人の顔を見ることができる幸せ、そこに僕らも気づかなければいけないと思いました。

幸せは、やっぱり気づくもの。

今日のめざまし
サプリメント

今日は大好きな人に会いにいこう。
そしてその表情を見られる幸せを
じっくり味わおう。

23

by
ニーチェ
（哲学者）

「いつも機嫌よく生きていくコツは、
人の助けになるか、
誰かの役に立つことだ」

今日は、あなたに魔法の起こし方を伝授します。

友人の心理療法家・スズキケンジさんの結婚式に呼んでいただいたときのこと。式の途中、かわいらしいフタのついた器が全員に配られました。中にはアイスクリームが入っており、そこには〝当たり〟が3つ用意されているということでした。

僕の隣にはお世話になっている出版社のカタセさんという方がいましたから、僕は当たったらカタセさんにあげようと思ったのです。そう思った瞬間、またアナウンスが入りました。

「その3つの当たりは、一生に一度しかないであろう、それくらい素晴らしいビッグプレゼントです」

ビッグプレゼント⁉　まさか、バリ島旅行プレゼントか⁉

待てよ。僕はいま、当たったらカタセさんにあげようと安易に思ったけど、本当にバリ島旅行でもあげるかな？

そう考えること3秒。

……うん。それでもあげよう。


そう思った瞬間です。「あ、僕が当たる！」と直感したんです。だから、隣のカタセさんにこう伝えました。

「俺、当たるから見てて。当たったらあげるから」

式場には60名くらい。その中で3名だけが当たるのです。ハートのマークがあったら当たり。司会者が声を張り上げました。

「では、みなさん、いっせいにフタをあけてください」


さあ、僕は当たったのか？

みなさんも僕の気持ちになって、一緒にフタ（ページ）をあけてみましょう。

せーの！

「ええっ！　ひすいさん本当に当たってる！」

カタセさんが歓声を上げました。僕のアイスにはピンクのハートマークが確かにのっていました。

僕はこう思ったのです。たとえこの当たりがバリ島旅行でも、当たりをカタセさんにあげようと。だって、カタセさんは休日を返上までして、僕のイベントを助けてくれていたからです。バリ島旅行でもあげよう。そんなピュアな思いをもつ自分に気づいた瞬間、「あ、僕が当たるな」って直感しました。

もし、運の神様がいるとしたら、その神様はどこにパスを出したいと思うでしょうか？　きっと僕にパスを出してくれると思ったんです。

なぜなら、僕にパスを出せば、僕は喜ぶし、カタセさんも喜ぶ。ここには僕とカタセさんのふたり分の喜びが生まれる。いわばポイント2倍、喜び2倍のエリア。そんな絶好のチャンスを運の神様が見逃すわけがない。

ちなみに、この話を以前メールマガジンで配信したら、この方法を使って景品が当たったって人が続出しました。

たとえば、ゲームセンターで東京ディズニーランドのホテル宿泊券が当たった方から、「自分はディズニーランドに興味がなかったのですが、妻の喜ぶ顔をイメージしてクジをひいたら、ひすいさん、ほんとに当たったんですよ！」というメールをもらいました。

「どうすれば喜びは増えるか？」

そう考えると、運の神様が味方についてくれます。

冒頭の名言の通り、哲学者・ニーチェは、機嫌よく生きるコツは誰かの役に立つことだと言ったわけですが、朝の迎え方に関してはこう言っています。

「1日をよいスタートで始めたいと思うなら、目覚めたときに、この1日の間に少なくとも1人の人に、少なくとも1つの喜びを与えてあげられないだろうかと思案することだ」

おまけ。

話は戻って結婚式の豪華景品はなんだったのか？

「はい。一生に一度しかないであろうプレゼントとはなんなのか。発表します。なんと、新郎新婦にお祝いのスピーチができるという権利です！」

……僕は席からずり落ちました。

今日のめざまし
サプリメント

朝、目覚めたら、こう問おう。
「今日は誰を喜ばせようか？」

24

by
あまちゆうと
（ヒーラー）

「優しさは最高の超能力！」

「あの木の上になってる実を食べたい」

そう思った者がいました。食べたい。でも高くて届かない。食べたい。でも届かない。食べたい。でも届かない。

食べたい。あれ⁉ 食べたい。あれれれ⁉

今日は届くかも……と、と、届いた。ついに！


来る日も来る日も木の実をとろうと挑戦を続けた彼は、ついに木の実に届いたのです。でも、彼はその木の実を食べなかった。低いところにあるこの木の実はみんなのために譲ろう。自分は一番とりにくい高いところの木の実を食べよう。そう思い、彼は木の実を食べなかったのです。そして彼の挑戦は毎日毎日続きました。


今日はその不屈のチャレンジャーをゲストにお呼びしています。

それはこの方です。どうぞ。

「どうも〜。はじめまして〜。キリンで〜す」

木の上になってる実を食べるだけならキリンの首があそこまで長くなる必要はないんです。では、なぜあれだけ長くなったのか？　まわりの人に譲ろうという、キリンの優しさです。

「優」しいから、相手に「先」に譲るんです。それが「優先」。

そして、最後は「優」しい人が「勝」つ。それがほんとの「優勝」。

世の中には、さまざまな能力があります。絵を描ける能力、楽器をひける能力、経理の能力、さらに、スプーンを曲げる、予言する、透視できるというような超能力もあります。でも、どんな能力よりも、人に優しくできることの方がすごい能力だと思いませんか？

キリン。それは優しさの象徴。
優しさのためなら、どこまでも伸ばすよ、首だって。
やってやれないことはないんだよ。
それがキリンから僕らへのメッセージです。

最後に、キリンがどう鳴くか知ってますか？　実はキリンは「モォーッ」って鳴きます。子どものキリンは「メェーッ」って鳴きます。ほんとです。これだけはどうしてもみなさんに伝えたかった。これで今朝は、僕、気持ちよく過ごせます（笑）。

「そうで〜す。その通りで〜す」

by キリン

業務連絡。
キリンビ●ル関係者様へ。
こんな感じのキ●ンビールのラジオＣＭはいかがでしょうか？
「ひすいクン、採用！」のメールお待ちしています（笑）。
連絡先はこちら↓ hisuikotaro@hotmail.co.jp

今日のめざまし
サプリメント

今日は、キリンのようにまわりを見渡して、
困っている人を見つけたら、優しくしよう。

25

by

ヘンリー・デイヴィッド・ソロー

（アメリカの思想家）

「朝は、英雄たちの時代をよみがえらせる」

まもなく50メートル走のスタート。

娘の小学校のときの運動会。僕はビデオを撮っていました。娘が、この50メートル走にすべてをかけていることを知っていましたから、ドキドキして見守っていました。

位置について、よ～～～い、スタート。

おおおおおおお。ぶっちぎりのスタートダッシュ成功！

と、思いきや、わが娘フライングでした。

そのとき思ったこと――フライングすれば、誰だって1位になれる。

じゃあ、僕らもフライングすればいいじゃないか。人生のフライング、それこそが「早起き」です。たいていどこの会社でも、一番成績がいい営業マンは、朝一番に来ている人であるという法則があるくらいですから。

スポーツの世界だってそう。王貞治と長嶋茂雄、野球界のスーパースターふたりには共通点がありました。現役時代、早朝練習を欠かしたことがないという点です。イチロー選手だって、他の選手よりも2時間も早く球場に出てきて練習しています。

実は、日本は、もともとフライング王国でした。

朝廷という文字。なぜ、「朝」という文字が使われていると思いますか？

古代の政《まつりごと》は、日の出とともに開始されたからだそうです。奈良時代、平城京の役人たちの勤務開始時間も、朝の6時45分頃で、昼には終了。午前中だけの勤務でした。交感神経の働きが強くなり、活動性が高まる早朝から午前中にかけて、大事な公務を行っていたわけです。

朝5時から昼の12時まで。この7時間こそラッキーセブン。新しい時代のゴールデンタイムです。

夜型だった僕が、ひょんなきっかけで朝の本を書くことになりました。

朝の本だけに、朝4時起きで執筆していました。最初は慣れなかったものの、次第に朝の魅力にとりつかれていきました。

朝は、頭が気持ちいいくらい働きます。すっかり僕も、フライングして1日を始める気持ちよさにハマってしまったのです。そして、朝型に変わったら、太らない太らない。アンケートでも、太りやすい人の共通点として、「夜型」ということがわかっています。

現代人にとって、まだ見ぬ未開拓の新大陸、それこそがグッドモーニング、「朝」です。

朝ワールドを一緒にこれから開拓しませんか？

作家の開高健は、女性からサインを頼まれると、こう言葉をのせていたそうです。

「朝のように
花のように
水のように」

ビバ！　グッドモーニング。朝のように生きたいですよね。

今日のめざまし
サプリメント

今日は友だちと朝、遊んでみよう。
6時半に神社集合で。
（朝デートなんかもいいですね）

26

by

きつかわゆきお

（作家・メディアプロデューサー）

「毎日とは、宇宙に向かって小石を投げる作業」

伝説の発明王・エジソンが電球を発明する際のこと。核になるフィラメントの素材を何にするか、これが大問題でした。

木綿糸でやってみる→すぐに燃え尽きＮＧ。
金属でやってみる→これもＮＧ。
動物の皮でやってみる→ＮＧ。
植物でやってみる→ＮＧ。

そんなこんなでエジソンは電球を作るのに素材だけで６０００種も試しているのです。６０００回といえば、あかちゃんのおむつ替えの回数に匹敵します。毎日７回ずつ替えるとして、１年間で２５５５回。２歳過ぎに卒業する計算で、ズバリ６０００回です。６０００回の数字の重みがこれで少しは伝わるでしょうか？（笑）

さすがに、エジソン、６０００回もおむつ替えをすると、もうおむつがなくなってきた。

もとい。さすがに６０００回も実験すると、もう試すものがなくなってきた。困ったエジソン。しかし、そんなときにこそインスピレーションはやってくるのです！

「きたぁぁぁあああァァアアア！！！　アイツのヒゲだ！！！」

アイツのヒゲなら絶対にフィラメントになる！　エジソンはそうして友人のヒゲまで実験しているんですね。実験メモにちゃんと残っています。しかし……。友人のヒゲ↓ＮＧでした。

「ヒゲ、ダメだったか……」

エジくん、そう落ち込むなよ！　普通に考えたら、ヒゲはムリだよ。

エジソン、ふと、顔をあげると机の上にあった竹の扇子が目に入った。むむむむ。竹。あ、竹、まだ試してなかった……。

大急ぎで竹をフィラメントに使ってみると、なんと200時間も灯ったのです。こうして世界中に灯りをもたらした電球は生まれたのです。

人生とは「実験」です。

実験、ローマ字で書くとJIKKEN。JIKKEN（実験）から人生のJIKEN（事件）は生まれてくるのです。事件の起きない人生は退屈ですからね。

僕は英語やタップダンスを習っていたことがあります。英語は3年間勉強して最後は家庭教師までつけましたが、上達の兆しを見せず挫折。タップダンスは5年間、週一でやりましたが、最後までクラスのメンバーについていけず。ひとり残され、トイレで悔し涙を流す日もありました。ギターは指がつって1日で挫折。この3つの実験は見事に失敗しました。でも、書くことで自分を表現する作家という実験は、幸いなことにうまく流れができました。

野球の選手は10回の打席のうち、3回ヒットを打つと一流と呼ばれます。
でも、僕らは違います。6000回やってひとつ成功すれば「天才」と呼ばれます。「伝説」といわれます。

小さな実験を日常のなかでも3つくらい同時に走らせておくといいと思うんです。

実験だから、自分に合わないなって思ったらやめていいんですから。

今日のめざまし
サプリメント

「いつかやってみたい」と
思っていたものを今日から始めてみよう。
実験♬　実験♬

「大切なのは、どれだけたくさんのことをしたかではなく、どれだけ心を込めたかです」

27

by

マザーテレサ

（カトリック修道女）

タレントの萩本欽一さんがテレビ番組で、15歳のある少年に好きなものを聞いていました。

少年の答えは、「お母さんの作ったおいなりさん」。

え？　好きなものが、お母さんの作ったおいなりさん？

それを聞いた欽ちゃんは、「ああ、大スターがここにいた」とみんなに言ったそうです。なぜ、欽ちゃんは、この少年が将来、大スターになると思ったのでしょうか？

欽ちゃんはこう言っています。

「このくらいの少年に『好きなもの』を聞いたら、普通は食べ物とか、あるいはタレントの子なら、もしかすると『踊り』って言うかもしれない。そこへ『お母さん』って出てきたのはドキッとするでしょ。しかも、そこに『おいなりさん』をさらに1個乗っけたっていうのが並みじゃない」

「お母さんが一生懸命おいなりさんを作ってる姿を、子どもにきちっと見せてきたんだろうね」

6年後、その少年は女性誌の「anan」の「好きな男ランキング」で1位に選ばれることになります。少年の名前は木村拓哉。一生懸命おいなりさんを作るお母さんの姿がキムタクを育てたのです。

どんなことであれ、心を込めてすることは、誰かの心の灯りになるのです。

ここで、僕の前の会社でのエピソードをちょっとお話しさせていただきますね。

朝、会社のトイレに行くと、なんと男子トイレに女性がいたのです!

一瞬、女子トイレに間違って入ってしまったと思ったのですが、そうではありませんでした。「どいた! どいた!! どいた!!!」と、その女性は威勢よく僕をどかして、男子トイレの掃除をしていました。同じ職場で働いていたその女性。なんと、頼まれてもいないのに、自主的に男子トイレを掃除してくれていたのです。理由は「だって、男子トイレ汚いも〜ん！」。一生懸命、トイレ〈大〉の便器までピカピカに磨いている彼女の姿に心惹《ひ》かれ、僕は恋に落ちてしまいました（笑）。はい。それが僕のいまの奥様でございます。

どんなことであれ、心を込めてすることは、誰かの心の灯りになるのです。それがトイレ〈大〉掃除であっても！

何をするかではなく、どんな気持ちでそれをやるかが大切。雑にするから、雑用になる。雑にしなければ、どんなことでも、ステキなものに変えられるのです。

ピカーン！

今日のめざまし
サプリメント

今日は小さな用事をご機嫌でこなしてみよう。
スキップしながら、鼻歌うたいながら、
ゴミ出しに行くのもいいですね。ルンルン♪
（近所の住人に見られないようにね）

28

by
種田山頭火
（俳人）

「歩かない日はさみしい
飲まない日はさみしい
作らない日はさみしい」

「僕のアニキは神様とお話ができます」

一瞬ドキッとするこのフレーズ、ブログのタイトルです。

作者の龍&アニキの龍さんと一緒にコラボ講演をさせていただいたことがあります。この龍さんのアニキが、神様とお話ができるという方なのです。


さて、その龍さんから、神様直伝の、運気をあげる方法を教えてもらいました。これ、すごく面白い方法です。

運気をあげるために、大切なのは気の流れです。そして、気の流れというのは、家を中心としてあるのだとか。一軒家でも、マンションでも、自分が寝起きをするところ、そこが気の中心になるそうです。気とは電気のこと。そして、自分の電気をためるところ、充電するところが、家であると。

では、家の気をどうあげるか。

それには、なんと、自分の気をあげるのが一番だそうです。しかも、その方法が意外でした。

「朝、早起きをしてください。自分のできる範囲で結構です。そして、家を中心に、左回りで散歩してください」

玄関を出て左へ。左に道路がない場合も1回、左に向かってから戻ります。そして、家を中心に、円を描くように散歩するのです。日を追うごとに、少しずつ、その円を大きくしていく。そんなに遠くまで行く必要はないそうですが、散歩中に神社にひと参り、なんてできれば最高だそう。


その散歩が意味するものは、放電と充電。

「人間は、歩くだけで放電します。前日までの気を放出し、入れ替える、つまり充電するのです。それは、気の流れを活性化する、という意味がありま す。朝の空気は非常に電気をためやすく、濁ってもいない、クリーンな状態です。そこで、自分の体内電気を放出し、外の電気を充電する。そうして家に帰ると、自動的に、家の電気が入れ替わるのです」

放電と充電。なるほど！

左回りで歩き、放電させながら、朝の空気を充電するのです。

江戸時代中期の頃に生きた日本一の観相師（顔の相を見て占う人）、水野南北も、運気をあげるのは朝だと言っています。

水野南北は、「万にひとつの誤りなし」と称された天才観相師。門弟の数はなんと６００人。当時名医として知られた石塚左玄にも影響を与えた人物です。その水野南北が強くおすすめしていたのが、「朝日を拝すること」でした。


「人はこれ太陽の陽火を受けてこの身体を生ず。さればその太陽の火この身体に循環して、昼夜やむことなし。すなわちこれを運というなり。運はすなわち命なり」

「運」とは「運ぶこと」。では、何を運ぶのか？　それこそ、太陽の火、命であると水野南北は言っています。

タレントのタモリさんも毎朝、朝日を浴びながらウォーキングをしているとテレビで言っていました。脳内の「幸せ物質」セロトニンは、朝日を浴びたり、歩いたりすることで増えるから、朝ウォーキングはまさに理にかなっているのです。

朝は運を呼び込むためにも、最高の時間なのです。

今日のめざまし
サプリメント

明日の朝は、
家を中心に左回りで散歩しよう。

29

「呼吸が空間を支配する」

by

齋藤 孝

（教育学者）

パワースポットをめぐる時代は終わりました。

これからは、自分がパワースポットになる時代です。


東京の新しい遊び方を提案する「ホンキの1日@TOKYO」というイベントのシナリオ制作を担当させてもらったことがあります。

4人でひと組になって、ミッションをクリアしながら東京のパワースポットをめぐる。1日が終わる頃には4人の仲間に絆が生まれて、その仲間の絆こそが、究極のパワースポットになってしまう、というピクニックです。

この企画の下調べで、何十箇所ものパワースポットをめぐりました。そのおかげか、僕の中で「パワースポットセンサー」が働くようになったのです。パワースポットに行くと、呼吸が深くなり、「ここは場がいい」と体でわかるようになったのです。で、「パワースポットセンサー」が働く↓呼吸が深くなる、という流れがあるのですが、逆を言えば、呼吸を深くすれば、どこにいてもそこをパワースポットにできるわけです。

自律神経ってご存じでしょうか。自律神経とは、自分の意志ではコントロールできない神経をいいます。たとえば、心臓の鼓動。「ちょっと待っててね。いまから心臓を8秒止めるから」と心臓を止めることができないのは、自律神経が心臓の動きを統制しているからです。汗もそう。「いまから汗を360cc出すからね」なんてできません。

でも、自律神経に関係する機能でひとつだけ、意志でコントロールできるものがあるのです。それが呼吸です。呼吸は、ゆっくり吸ったり、止めてみたり、自分で意識してコントロールできます。自律神経、「神」の「経」路に唯一、自らの意志でつながれるものが、呼吸というわけです。

今日は、自分の呼吸に意識を置いてみよう。呼吸にかるく意識を置いておくだけで、あら不思議。呼吸は勝手に深くなるのです。おすすめは鼻で吸って鼻で吐く。鼻呼吸の先に脳幹があり、脳幹を活性化できるからです。

「息」。それは「自」らの「心」。

自分の息を感じて生きるとは、自分の本当の心とともに生きることです。

呼吸を感じて生きる。体を感じて生きる。それが自分をパワースポットにする方法です。


「ひとつの『呼吸』の把握はいかなる愉悦にもまして甘美なる悦楽である」

by中井正一（哲学者）

今日のめざまし
サプリメント

朝の空気で深呼吸を3回しよう。

息を吐くときに、全身の余分な力を解き放つ。

ふ〜〜〜っとゆるんだ人からうまくいきます。

30

by
相田みつを
（書家）

「一番大切なものに
一番大切な命をかける」

考え方は4種類ある。そう友人から教えてもらいました。

「－」
「÷」
「＋」
「×」

この4つの考え方です。

例を挙げます。

10－10＝0
10÷10＝1
10＋10＝20
10×10＝100

まず「－」。

10－10＝0。マイナス思考なら答えは0です。

「÷」。

10÷10＝1。まあ、この程度でいいでしょって割り切る考え方なら答えは1。

「＋」。

10＋10＝20。プラス思考なら答えは20。

では最後に「×」（かける）。

10×10＝100。

「私は、これにかける！」。そんなふうに打ち込んだら、結果は100になります。

「これにかける！」

そんな気持ちで打ち込めるものに出会えたら、可能性は100倍に広がります。

だから、最初は大した才能なんていらないんだ。「これにかける！」という情熱があれば、10は100になり、100は1000となります。

天才とは情熱なのです。

今日のめざまし
サプリメント

「これにかける！」という思いで、
小さなNo.1になれ。
そこから、あなたの伝説は始まります。

31

by

ゲーテ

（ドイツの詩人）

「自分自身を大切にすることこそが道徳だ」

僕はコピーライターだけに、ステキな言葉を言われると、一瞬でハートをノックアウトされてしまうところがあります。たとえば、あるデザイナーさんのインタビューを読んで、あまりに感動して「一生、そこの服しか着ない」なんて勝手に誓ったこともあるほどです（実は、それ、ほんとに実行しています）。

今回、またグラッとくる言葉と出会いました。今度は、創業１５０年を超える、イタリアの老舗帽子メーカーの営業マネージャーの言葉です。

「帽子を上手にかぶる方法は？」と聞かれてこう答えていたのです。

「鏡を見てかぶらないこと」

帽子を上手にかぶる方法は、鏡を見てかぶらないこと。鏡を見て、かっこよく帽子をかぶろうとしてる時点で、おまえは帽子に負けていると。こういう言葉を社長じゃなくていち営業マンが言うんだから、さすがペペロンチーノ王国・イタリアです。

俺たちは150年の歴史ある帽子の老舗ブランドだ。
でも……
最大のブランドはおまえだろ？
最大のブランドはおまえだろ？
そう問うてくるイタリアの帽子メーカー。

世界約70億人。70億人いても、あなたはあなたしかいない。
だから、誰かのようになろうとしなくていいのです。
あなたがあなたになること。それが究極のブランドです。
自分は、自分らしさ世界一！

今日のめざまし
サプリメント

「ごめんね。誰かのようになろうとしていた。
私は私になるね」
と胸に両手を当てて伝え、自分と仲直りしよう。

32

by
セオドア・ルーズベルト
（第26代アメリカ大統領）

「あなたのいる場所で、あなたにしかできないことをしなさい」

平均年齢70歳に達した史上最強のロックバンド、ザ・ローリング・ストーンズ。そのギタリストのキース・リチャーズは「いまから俺は曲を書くな」と思っていると何かが降ってくるかのように曲を書けるのだそう。

ちなみに僕は大学1年生のときに「何かが降ってくる！」と感じた直後、ハトのフンが胸元に勢いよく飛び込んできたことがあります（ほんとに）。

まあ、それはいいとして、何かが降ってくるかのように曲を書けるというキースに対して、取材の記者が「では、そういう才能をもっていない人はどうすればいいのでしょうか？」と尋ねています。キースの答えは、

「俺も君がいましてる仕事はできないよ。お互いにそういうことなんだ」


以前、僕の本がインターネット書店のアマゾンで総合1位になったとき、かみさんに報告すると、こう言われました。

「あんたが何位になろうが家庭じゃ最下位でしょ？」

あら～～～～～～（笑）。でも、それほんとなんです。僕は本当にできな

いことがいっぱい。まさに家庭じゃ最下位な男なんです。DVDの取り付けもできなかったし、予約録画のやり方もいまだに覚えられません。不器用で車も運転できない。言われたこともすぐに忘れてしまう。顔を洗うと、いつも洗面所はビチャビチャに水浸しだし、「お風呂に入ったあとは換気扇をつけてね」と、10年以上言われ続けていますが、お風呂から出ると、いつも忘れてしまうのです。は〜。こんな自分が情けない。僕ができるのは、書くことだけといっていい。

ただ、書くことに関しては、いつまでもワクワクして書いていられます。この原稿もニコニコして書いています。あやしいですか？（笑）

僕は子どもたちにこう伝えています。

「ひとつでいいんだよ。たったひとつで。何か、ひとつ、得意なことがあれば、十分、幸せに生きていくことができるからね」

神様があなたをつくった理由を知りたいですか?

あなたにしかできないことがあるからです。

だから、あなたは生まれてきたのです。


一度、自分の得意ワザを振り返ってみよう。それは、あなたが時間をかけたもの、お金をかけたもの、人からよく頼まれること、褒められることのなかにヒントがあります。

それと、あなたが悩んできたこと、そこにも大いなるヒントがあります。

悩みのなかでつかみとったものが、あなたの必殺ワザになるからです。

今日のめざまし
サプリメント

5人の友だちに「私の長所ってどこだと思う？」と聞いてみよう。
意外な自分の長所が見えてきて、楽しいですよ。
（あなたも相手の長所を伝えてあげてくださいね）

33

by
ハナちゃん
（4歳）

「この宇宙で一番大きなものって未来だよ」

名古屋に向かう新幹線。僕は寝てしまっていました。
すると、左足の膝の内側をトントンと軽く叩かれた気がしたんです。
「え⁉」と思ってすぐに目を覚ましても誰もいない……おかしいと思って、
窓を見ると、

ひややや〜〜〜〜〜!!!!!!!!!!!!!!!!

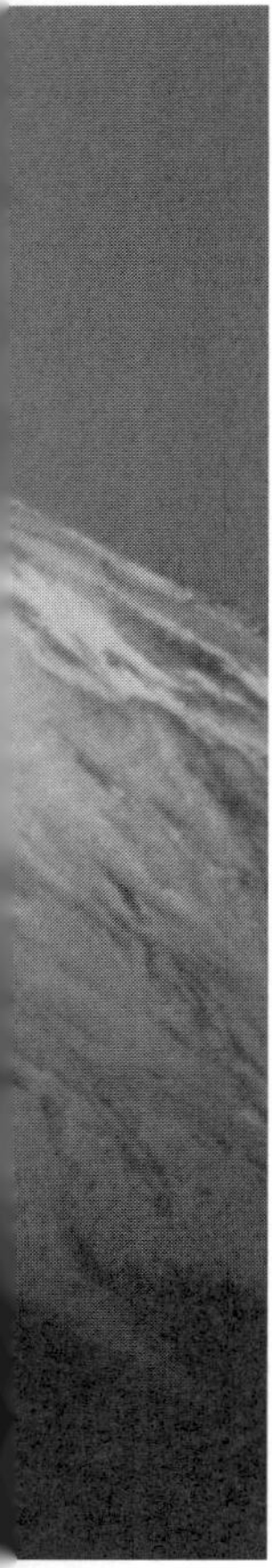

これは僕が撮った写真ではありませんが、まさにこういう感じで、富士山と月がバーンと並んでいたんです。そして数秒後、富士山はすぐに窓から見えなくなりました。

実は、この日、僕は新幹線で眠りに落ちる前に、自分にお願いしていたのです。富士山が見える、景色がいいところで起こしてねって。

すると、確かに左足の膝の内側をトントンって叩かれた気がしたんです。叩いたのは自分の無意識なんだと思います。

自分って想像以上に自分の言うことを聞いてくれるのです。

実は、これは、かみさんを見ていて気づいた方法です。かみさんは朝4時に起きる必要があるときも、目覚まし時計が鳴る前に起きられます。秘訣を聞いてみたところ、自分に頼んでから寝るからだそうです。

朝自分で起きるのが苦手な方は、寝る前に、「朝5時に起こしてね」と自分に3回頼んでから寝てみてくださいね。

講演で、この話をしたことがあるんですが、その日、たまたま一番前で聞いていた方が途中、セキが出て止まらなくなったことがあるんです。

一番前だし、外に出にくい。でも、その方は、この話を思い出し、自分に頼んでみようと、手元にあるペットボトルのお水に「私は、この水を飲んだらセキがきれいに止まります」と、そう言って飲んでみたそうです。

すると、なんと、ピタ――ッとセキが止まったのだとか。自分に頼むって、ほんとにすごいんです。

ちなみに冒頭の言葉。

これは僕の友人の娘さんであるハナちゃん、4歳のときの言葉です。

動物園に行った折に「パパ、この宇宙で一番大きなものってなんだと思う?」とハナちゃんから聞かれた。動物園だったこともあり、友人は「ゾウさんかな?」って答えた。するとハナちゃんは「パパ違うよ。この宇宙で一番大きなものって、未来だよ」と答えたのだとか。

この宇宙で一番大きなもの、それは、あなたの未来。未来の自分の可能性なんです。

未来とは、これまでの自分ではなく、これからの自分です。

あなたの未来こそ、この宇宙で一番大きなもの。だから、他人に期待するのではなく、自分に期待しよう。叶えたいことは、ドンドン自分に頼もう。あなたこそ、どんな願いも叶えてくれるサンタクロースの正体です。

そうなんだ、どんな夢をもプレゼントしてくれるサンタクロースは自分だったんだ。

私は私のサンタクロース。

今日のめざまし
サプリメント

今日は、自分の願いをすべてノートに
書き出そう。一緒に絵も添えて。
そして、自分に「頼んだよ」と伝えよう。
（そして、今年いっぱい、そのノートを枕元に
置いて寝てみてくださいね）

34

by
ワーズワース
（イギリスの詩人）

「子どもは、大人の父である」

ひすい式・新しい自分との出会い方をご紹介しましょう。

もともと僕は、赤面症で、人とうまく目を合わすことすらできない内向的な性格でした。そんな僕がひょんなことから、営業マンになってしまったのです。

口下手な僕が説明していると、寝てしまうお客さまもいて落ち込みました。僕のしどろもどろな説明で寝てしまったお客さまを前に、説明を中断していいのか、続けた方がいいのか……そんなことに迷ってる自分が情けなくなりました。

もう、会わずに売る方法を見つけるしかない……僕は通販カタログを買ってきて、来る日も来る日もそれを書き写し、文章で商品を伝える技術を学び始めたのです。

通販カタログの写経を始めて3か月が過ぎる頃、伝えるってこういうことかと、少しずつわかるようになってきました。そして広告を作り、企業にファクスを送っていくという作戦にでたんです。すると、いつのまにか、僕はトップ営業マンになることができました。

「好きなことをやれ」とはよく言われますが、僕の場合は、それでは書くことと出会えていなかったことになります。だって、もともと書くことは好きでもなんでもなく、むしろ学校の作文は苦手でしたから。だからといって、もちろん、好きなことが大事じゃないわけではないんです。ではどうすれば新しい自分と出会えるか？

いま置かれてる環境に「10 years old をぶつけろ！」

これが僕の結論です。

「好きなことがわからない」とは、よく耳にする悩みですが、その悩み自体が間違っています。人は好きなことは〝すでに〟やっているのです。特に、他人の価値観に惑わされていない頃、その頃に夢中でやっていたことに人生のヒントがあります。それが10 years old！　小学校5年生の頃です。10歳の頃の自分を思い出せばいいんです。

まず10歳の頃、大好きだったもの、夢中になっていたものを10個挙げてみるんです。

親に聞いてみるのもいいし、当時流行っていた歌を聞くといろいろ思い出せます。

僕の場合、10歳の頃、夢中になっていたのは……。

「ドラえもん」、「週刊少年ジャンプ」、「ガンダム」のプラモデル作り、かあちゃんの作る味噌《みそ》ラーメン、同じクラスのアケミちゃん、サッカーでした。

そこで、味噌ラーメン。これを営業で悩んでいたときに生かしたのです。つまり、相手の企業を訪問する前に、必ず大盛り味噌ラーメンを食べてから乗り込んだわけです。……というのは冗談で（笑）、実は、ヒントは「週刊少年ジャンプ」にありました。

小学生の頃、僕は「週刊少年ジャンプ」の好きな場面を切り取って、ノートに貼り付けるという趣味があったのです。ひとり、部屋で漫画を切り貼りして名場面集を作る。思い出すだけで切なくなる暗い趣味ですが（笑）、その趣味の本質は、いわば、「情報の編集」です。

営業マン時代、自作の商品広告を企業にファクスしていた頃、商品広告に加えて、雑誌で読んだ面白いと思った箇所を縮小コピーして、貼り付けてアンダーラインを引いて送っていたのです。営業は大嫌いでしたけど、その編集作業はとても楽しかったんです。

それはそうです。10歳の頃から好きだった切り貼りですから。

大嫌いな営業に、子どもの頃から大好きだった「情報の編集」を取り入れてみたのです。すると、いつのまにか僕はトップ営業マンになれました。

実は、作家であるいまも、やってることは同じです。自分の感動した名言、エピソードを編集して届けているわけですから、情報の編集という意味で、漫画の名場面の切り貼りと本質は一緒なんです。

また、10歳の頃は、僕は、ガンダムのプラモデルを作ることに夢中になっていたわけですが、いまはそれが本作りになっただけです。作ることが好き、という本質は一緒です。

「ドラえもん」の本質を探ってみても、ヒントがあります。

ドラえもんは、見たこともない未来の道具で、のび太の可能性を広げてくれる話です。これは、まさに、いま、僕がやりたいことなんです。ドラえもんがのび太にするように、僕はあなたの可能性を広げる道具（新しい考え方）を本としてプレゼントしたいわけです。

10歳の頃に夢中になっていたものの「本質」に、あなたの種のヒントがあります。

10歳の頃、好きでやっていたことの「本質」をよく見直してみてください。

そこに新しい自分と出会う「ソウル・スイッチ」があります。

大嫌いなところに、10歳の頃、大好きだったことの「本質」を放り込むのです。

これが、新しい自分と出会う10 years oldの方程式です。

10 years old。あの頃の自分とともに行け！

今日のめざまし
サプリメント

まずは10歳の頃の自分の写真を部屋に飾り、
無邪気にフルパワーで遊んでいた
当時の感覚を思い出そう。

35

by

アントニオ猪木

（元プロレスラー）

「限界というから限界ができる」

高齢者向けのパソコン教室で、話題になったところがあります。普通はパソコン教室の先生といえば20代、30代が主力。しかし、そのパソコン教室は先生に、なんと、70代以上のおじいちゃん、おばあちゃんを起用したのです！

おじいちゃんが先生。

高齢者向けのパソコン教室なので生徒もおじいちゃんです。先生が若者だと、「やっぱ、わしにはムリじゃやあぁぁぁ。無念じゃやあぁぁぁ」とあきらめていたのに、おじいちゃん先生を見たおじいちゃん生徒たちは、その魂に火がついた。

おじいちゃん　V.S.　おじいちゃん。

あのじいさんにできて、わしにできないわけがない。やってやれないことはないんじゃぁと魂に火がついた。すると、そのパソコン教室からパソコンをジャンジャンあやつれるスーパーおじいちゃん、おばあちゃんが続々誕生したのです。

やれると思ったら、やれちゃう。
できると思ったら、できちゃうのです。

まさに、そうなんです。僕の友人も、こう語っていたことがありました。

「学生のとき、毎日3キロ走ってたんです。3キロといってもけっこうしんどくて。でも、ある日を境に突然、10キロ走れるようになったんです。というのは、片思いしてた子が毎日10キロ走ってたことがわかったから。ならば、僕も走れるだろうと思ったら翌日から普通に10キロ走れるようになりました」

限界は自分で勝手につくっていたんです。限界は、あなたの頭の中にだけある。ならば、そのワクをとっぱらえばいい。自分でつくった限界だから、とっぱらえるのもまた自分です。

成果が出ない人は、3回やってダメならあきらめると最初から決めてるんです。その考えこそが、自分の限界をつくっている。一方、結果が出る人は、「少なくとも10回以上やる！」「結果がでるまであきらめない！」と考えてるので、内側に限界がないのです。内側の限界があなたの現実の限界です。あなたのほんとうの宇宙は内側にあるのです。

今日は、あなたの叶えたい夢に対して、できない理由を紙に書き出そう。そしてその紙をビリビリに破ってゴミ箱に捨てて、今度はできる理由を書き出そう。

今日のめざましサプリメント

できない理由にサヨウナラ。
できる理由にコンニチハ。

36

「見るまえに跳べ」

by
ウィスタン・ヒュー・オーデン
（アメリカの詩人）

近藤藤太。

戦後、ニューヨークに商社を起こし、現在の金額で、何百億円という資産を築くものの55歳のときにポンドショックに見舞われ倒産。残された全財産はわずか6000円。そのお金でホテルに泊まり、ひと晩中泣いて泣いて泣き明かした。

それはそうです。何百億もの資産が6000円ポッキリになってしまったのですから。しかし近藤藤太さん。ひと晩泣き明かしたあとは、求人広告を見て百科事典の営業の世界に飛び込むのです。

すると数か月でトップ営業マンになり、その後は、テレビ出演や新たなビジネスで成功をおさめる。それが伝説の実業家・近藤藤太さんの半生です。

その藤太さんが、人生に奇跡が「起こらない理由」を教えてくれています。裏をかえせば、奇跡が起こらない理由を知れば奇跡を起こす方法がわかるわけです。

では、ここで1回深呼吸をしてください。
その名言をお伝えします。心の準備はいいですか？
奇跡が起こらないのは……
奇跡が起こらないのは……
奇跡が起こらないのは……

奇跡が起こらないのは……

奇跡が起こらないのは……

飛び込まないからだ。

何百億もの資産がわずか6000円になってしまったとき、藤太さんは泣いて泣いて泣いて泣きくれました。しかし、泣きくれた時間は8時間。翌朝には求人情報を見て、営業の世界に飛び込んでいた。

「奇跡が起こらないのは、飛び込まないからだ」

by 近藤藤太

奇跡は、あなたが起こすのではない。
飛び込んだ、その環境があなたに奇跡を起こすのです。

世界は奇跡を待っています。
世界はあなたを待っています。
さあ、飛び込むのは、今日だ。

今日のめざまし
サプリメント

悲しいときは8時間泣いていい。
そして、8時間を過ぎた1分目。
飛び込むのはそこだ。

37

by

アラン・ケイ

（科学者）

「未来を予測する最良の方法は、未来を自分で創りだすことだ」

私、何がしたいんだろう?

私、何がしたいんだろう?

あ! 私は、伝説のホテルを作りたい!

そう思った女性がいます。でも彼女はホテルで働いたことすらありません。現実味ゼロの無謀な夢。でもその日から彼女は夢を語り続けました。

「泊まるだけで世界に貢献できるような、伝説のホテルが作りたい」

伝説のホテルとは、たとえば、世界の問題を解決するための募金ができる「100個の壺」が設置されていたりする。「難病の子どもを救うための壺」「井戸を掘るための壺」「森林を植えるための壺」など。泊まることで、世界への認識が広がる。そして世界に貢献できる。かつて見たことも聞いたこともないような、伝説になるホテルを作りたい。

彼女は小学生のお子さんがいるお母さんでもあります。お金も経験もコネもない女性がいきなり伝説のホテルを立ち上げると名乗りをあげたのです。彼女の名前は、鶴岡秀子さん。みんなからつるちゃんと呼ばれています。つるちゃんは、来る日も来る日も夢を語った。そしてできることからひとつひとつ行動に移していった。すると、なんと、土地を提供してくれるという方が現れたのです。しかし、彼女はその時点でまだ会社すら立ち上げていなかった。慌てて彼女は会社を立ち上げます。それから数年。彼女の夢の一端を担いたいという出資者は1700名を超えました。

現実味ゼロでもＯＫ！
経験ゼロでもＯＫ！
お金なくてもＯＫ！
会社つくってなくてもＯＫ！
子育て中でもＯＫ！

ダイエット中でもＯＫ！（笑）

つるちゃんは教えてくれました。

最初は何もなくていい。

すべては自分を信じることから始まると。

ただひとつ、大切なのは、その夢にホンキでワクワクしているか。その夢にホンキで向き合っているかどうかです。

「どうしたら空の彼方へ行けるかって？
問題はそこに君が行きたいかどうかってことだ
本当に行きたければ
行く方法は、あちらからやってくる
本当だよ！」

by葉祥明（絵本作家）

本当だよ！

今日のめざまし
サプリメント

「すべては自分を信じることから始まる」
今日はそうつぶやきながら、
玄関の扉をひらこう。

38

by

みさきよしの

（カウンセラー）

「なりたい自分がほんとの自分だよ」

さて、いまからあなたに「奇跡の1日」をプレゼントします。

これから5つの質問をしますので想像してみてください。これは友人の心理療法家・スズキケンジさんから教えてもらった、「ミラクル・クエスチョン」と呼ばれるブリーフセラピーの技法です。

ある晩、あなたに奇跡が舞い降りて、あなたの願望がすべて叶えられたとします。あなたは自分の身に奇跡が舞い降りたことに気づかずに目を覚まし、いつものように1日が始まります。

①「奇跡が起こったことに、あなたはどんなことで気づくでしょう?」(部屋の間取りや広さが違うなど)

②「奇跡が起きたとき、あなたは、いつもと違うどんな行動をしているでしょう?」(家族と一緒に朝食をとっているなど)

③「あなたのご家族や仕事仲間たちは、あなたにどんなふうに接してくれる

でしょう?」(相手の言葉に耳を傾け、行動をよく観察してみる)
④「奇跡の1日は、普段の1日とどんなふうに違っていますか?」
⑤「その中で、いまのあなたにムリなくできることはどれですか?」

「映像」(未来の自分像の明確化)+「体の感覚」(夢を叶えている未来の自分の感情の体験)。この重要なふたつのポイントをおさえられるのがミラクル・クエスチョンです。

大切なのは、「ささいな違い」まで観察することです。たとえば、「カーテンの色が違っている」「いつもよりも大きな声で挨拶している」「いつもと違うアクセサリーをつけている」など。

ミラクル・クエスチョンで夢を叶えた1日を明確にしたら、そのなかで、いまの自分でもムリなくできることをやる。実は、やることはそれだけです。これだけで残りの未来も引き寄せられてきます。

僕の場合は、ミラクル・クエスチョンを知ったのは、夢を叶えたあとだったのですが、考えてみれば、同じ過程を経てきたことに気づきました。

高校2年のときに通っていた代々木ゼミナールで、僕は忘れられない先生と出会います。西きょうじ先生です。英語の先生なんですが、その雑談がハンパなく魅力的だったんです。

先生は旅とアフリカの動物ウォッチングが趣味で、世界中のいろんな話をしてくれました。旅の話に始まり、聞いたこともないような話の連続に僕はワクワクし、西先生の授業はすべてテープに録音するほどでした。誰も知らないようなことを教えてくれる西先生に憧れたんです。僕も、旅をしながら、聞いてくれる人の胸をワクワクでいっぱいにできる先生になりたいと思ったんです。

僕にとっての「奇跡の1日」は、まさに、西先生のある日の1日そのものでした。

西先生を見て、なりたい自分像が見えたのです。そこからは、そこに向かって、ムリなくできることをやり続けた人生だったと言えます。まずは、西先生は、とてもおしゃれだったので、僕も服に気を使うようになりました。ムリなくできることから始めていくのです。

最初は、ムリなくできることは、本を読んで一流の人の考え方を知ることでした。次に、講演会にも出るようになり、一流の人をたくさん見るように心がけました。そんなインプットを続けるうちに、次第に器があふれ、アウトプットとして、ブログを書くことも始めました。

その小さな積み重ねをずっと続けていたら、とうとう夢が叶ってしまったのです。ブログとメールマガジンあわせて2000本以上の名言エピソードを書き、そこから40冊の本が生まれ、いまは、日本全国から講演依頼をいただき、まさに旅をしながら、講演や本を通して、出会った人の可能性を広げるというライフスタイルを実現できたのです。

これまでこうだったからと過去から逆算して生きるのではなく、こうありたいという未来から逆算して、いまを生きるのです。

ほんとはどうしたい？
なりたい自分がほんとの自分だよ。

今日のめざまし
サプリメント

さて、朝、目覚めた。
あなたは理想の自分になっていました。
あなたは、それにどんなことで気づく？　そして、
そこに1歩でも近づくために今日何ができる？

39

by

ボブ・ディラン

（ミュージシャン）

「今日が大事だ。明日ではない」

「秘密のタレ」……気になる。

ジンギスカンを食べにいったとき、テーブルに置かれていたタレ。それには、「秘密のタレ」というラベルが貼ってあったのです。秘密のタレ……か。なんだろう。とりあえず、店員に聞いてみよう。


「あ、このタレですね。実は創業以来つぎたしつぎたし作っている秘伝のタレです」

「こだわっているんですねー。で、創業何年になるんですか？」

「去年、オープンしました」

「え!?　去年……」

何年やってるかなんて関係ない！（笑）
過去はいい。大切なのは、いま。
いま、ベストを尽くしているかどうかです！

今日のめざまし
サプリメント

今日を満点にできたら、
人生は100点満点！

40

by

本田宗一郎

（本田技研工業創業者）

「こちらが信用することによって、信用される人間が生まれる」

幸せになるために人は生きている。

そう思うと、幸せそうに見えない人を「大変だなー。かわいそう」と思ってしまいやすい。

では、人は成功するために生きていると思ったら、どうでしょう？

そう思うと、結果がでてない人を「まだまだだなー」と思ってしまいやすい。じゃあ、どう思ったら、どんな人をも優しく見られるでしょうか？

人は愛を深めるために生きている。

そう思って相手を見ると、どんな人に対しても、がんばってるなーって思えてきます。病気の人を見ても、「そうか。この人は病気を通して愛を深めようとしてるのか。すごいなー」と思えるし、失恋した人を見ても「そうか。この人は失恋という体験を通して愛を深めようとしてるのか。すごいなー」と思えてきます。

エベレスト登山を通して愛を深めるチャレンジをする人もいるし、病気を通して愛を深めるチャレンジをしている人もいる。どちらも価値は一緒。どちらも素晴らしい。

どんな状況の相手をも、素晴らしいと思える優しい眼差しこそ、僕は、究極のカウンセリングだと思うのです。だってその優しい眼差しこそ世界を優しく創造するエネルギーだからです。

相手が問題だと思ったときは、その見方こそが問題だと一度自分のものの見方を疑ってみよう。

神社のご神体は、鏡である場合が多いわけですが、祈っているとき、その鏡に映っているのは自分の姿です。それは、あなたの心が映し出された世界がこの世界だと鏡は教えてくれているのです。

あなたが笑えば、鏡の中の世界も笑います。
あなたが優しい眼差しで世界を見れば、世界は最初から優しかったことに気づけることでしょう。

今日のめざまし
サプリメント

優しい眼差しで目の前の人を見よう。

41

by
西岡常一
（宮大工）

「なに甘えてるんや。
自分で考えなはれ」

こんな奇想天外な会社があります。
報告、連絡、相談禁止。
残業禁止。
ネクタイ禁止。
上司は部下に命令禁止。
ノルマ禁止。
携帯電話禁止。
年間休日140日（正月休みは20日間など、休日数日本一）。
これがなんと、全部その会社のルールなんです。

かつては、経常利益が4000万円以上ある会社はすべて企業名が発表されていました。経常利益を4000万円以上あげている会社、全体の何パーセントあったと思いますか？

……3パーセントでした。

建築に関する電気関連の品物を作る、未来工業株式会社を立ち上げた山田昭男さんは、この数字を見て、こう思いました。

「常識の通りにやったら儲《もう》かる会社はたった3パーセントに過ぎない。ならば、常識の逆を行こうじゃないか」

他の会社では、報告、連絡、相談（ホウ・レン・ソウ）を心がけるのは常識です。でも、常識通りやっているところは3パーセントしか儲かっていない。ならば逆を行こう。報告、連絡、相談禁止。

他の会社は当たり前のように残業をやるらしい。ならば、未来工業は残業禁止！（笑）

未来工業は、現在、支店や営業所が30ほどありますが、山田さんが知らない間に支店ができたといいます。なぜなら、ホウ・レン・ソウ禁止だからです（笑）。残業こそマイプレジャーという社員も、残業させてもらえません。どうしても残業したいという社員には、「仕方ない。その代わり、建物の電気代を払えよ」と山田さんは言うそうです（笑）。

さて、こんな非常識な会社が、どうなったと思いますか？

売上高、なんと200億円以上に成長。上場まで果たしちゃいました。

そして普通は、上場を果たした創業者は株で大儲けするのが常識。でも、いつだって未来工業は常識の逆を行くのです。山田さんは、株をすべて社員に分配し、日本で一番創業利益がなかった男として記録されることになりました（笑）。

逆男、健在です！

未来工業の本質はどこにあるのか？

未来工業では、社員がやりたいと思ったことは、すぐにやることができます。相談、報告禁止だからです。やってみてダメならばやめればいい。そして、常に常識を疑えというスピリット。

それは、「自分で考えなはれ」。

自分でちゃんと考え抜けということです。

未来工業は休日数日本一のうえ、残業も禁じられている。そんな不自由な環境（笑）のなかで、勤務時間内にどうすれば能率をあげられるのか、社員1人ひとりが考え抜くわけです。そして、気づいたことがあれば、誰に反対されることなく、勝手に実践できる。だから社員の、やる気が削がれることがない。

常識を疑い、ひとつひとつ自分で考え、考えたことはすぐに行動に移す。

これぞ強さの秘密であり、未来への道です。

今日のめざまし
サプリメント

今日は常識の逆を行ってみよう。
右向け、左。

42

by
箭内道彦
（クリエイター）

「不純な動機って、最高に純粋な動機」

この石を見てほしい。

「さくら名所100選」にも選ばれている福島県の鶴ヶ城、太鼓門の石垣の真ん中で、ひときわ大きな面積を占めている石です。横2・8メートル。縦2・6メートル。重さ約8トン。巨石マニアたちの間ではとても有名な石です。

さてこの巨石、石山天寧から鶴ヶ城まで約1キロもの距離を運ばれてきました。当時、トラックはありませんから、約100人もの人でエイヤエイヤと運んできたのです。しかし、8トンの石を持ち上げて運ぶんです。普通は動きません。だって8トンですもの。それほど重たい石をどうやって動かしたのか……。

なんと、彼らはその石をもっと重くしたのです。8トンより重くしたら、動いた……。

どうして、もっと重くしたら動いたのでしょうか？

石の上に女性たちを乗せ、歌い踊らせたのです。

石の上で踊る女性たちを見てテンションが一気に上がった男たち。8トンもの石を「ヘイヘイヘイ、お待ち!」と運びきってしまったのでした。その由来から、この石は「遊女石」と呼ばれています。ワクワクしたら、人間は8トンの石だって持ち上げてしまう。僕はこれを「遊女石理論」と名づけ、日常のなかでもよく使っています。

たとえば、初めてブログを始めたときも、「毎日1本書いたら、3年間で1000本。3年後、僕はどうなっているんだろう?」と想像してみたのです。まったく凡人の僕でも、1000本の名言ネタを書き上げたら、ひょっとしたら名言の分野では、天才になっているかもしれない。そう思ったらワクワクしてきたんですね。

また、詩人のゲーテが1人の女性、シャルロッテに宛てたラブレターが残っているのですが、その数が、1800通だったんです。ゲーテは1800通もラブレターを書いたから、天才になれたんじゃないか。そう思いました。

「LOVE×1800＝天才」という公式です。

だったら僕は1801本書いてみよう。ゲーテ超えです（笑）。ラブレターのように心をこめて1801本書き上げたとき、自分はどんな成長を遂げているんだろうと、ワクワクしていたら、2000本の原稿を書き上げることができたんです。

大切なのは、何をするにしても、そこに自分がワクワクできる「動機」を「発見」できるかどうかなのです。ワクワクする動機さえ見つけてしまえば、あとは勝手に人はやり抜きます。隠れてでもやり抜きます。やるなと言ってもやっちゃいますから。

動機は成長していくものだから、最初は不純だっていい。

ワクワクしちゃえば持ち上がらなかった8トンの石だって運べちゃうのが僕ら人間です。ワクワクすると、自分の小さなワクがはずれるんです。

それをなしとげたら、どんないいことがありそう？　周りからはなんと褒められてる？　さらにその先は、どんなうれしいことが起きそう？

その喜びを想像してみて。

さあ、ワクワクしてきた？

今日のめざまし
サプリメント

今日はがんばらなくていい。

がんばる前にワクワクできる動機を探そう。

43

「みんなを
未知なる領域に連れていこう」

by
マイケル・ジャクソン
（ミュージシャン）

本を書くときや、企画を考えるときに、思い出す言葉があります。

それが冒頭のこの言葉です。

「みんなを未知なる領域に連れていこう」

マイケル・ジャクソンはコンサート前に、こうスタッフに声をかけ、ステージに立ちます。


僕の場合、誰を未知なる領域に連れて行きたいかというと、僕です。僕は誰よりも僕自身を驚かせたい、ワクワクさせたい。だから、自分がワクワクしない本なんて作りたくないんです。でも、自分だけでは自分を超えられないこともよくわかっています。なぜなら、自力では、自分の限界までしか辿り着かないからです。既知を未知に、自分の限界を、その先に広げてくれるのが他者の存在です。

本を書くときに、僕は編集者さんに徹底的にダメ出しをお願いします。

「あなたが100か所ダメ出しをしてくれたら、100か所よくなりますので遠慮せず原稿に赤字を入れてください」とお願いします。すると、ダメ出しがありすぎて、書き終えてから2年経ってもまだ発売されてない本もあるくらいです。

自分だけではなかなか自分は超えられない。だから、編集者さんの力を存分に引き出して、一緒に超えていくんです。

もちろん、ダメ出しが書き込まれた原稿を見ると僕だって落ち込みます。「やっぱり、才能ないのかな、俺」と落ち込む日もあります。でも、僕の目的は本を出すことではないのです。あくまでも、未知なる領域へ行きたい。そこなんです。そして、僕が僕を超えたときだけ、あなたと出会えると思っています。だから、超えてみせるぜ、って。

自分を喜ばせるだけでは自己満足の50点。

相手を喜ばせるだけでは自己犠牲の50点。

両方足して初めて１００点になります。

宇宙が望んでいるのは、あなたとわたし、両方の喜びです。

自分の喜びを、あなたの喜びにするんです。

もしくは、あなたの喜びを自分の喜びになるように生きるのです。


五十の音ですべてを表現する日本語。その五十音は、ア行で始まり、ワ行で終わります。

五十音は、アナタとワタシを結ぶ架け橋の中に、すべての音が包まれている構造になっています。

アナタの力をかりて、未知なるワタシに辿り着く旅。それがこの世界であると五十音は教えてくれている気がします。

まずは自力で行けるところまで行こう。

そこから先は、他力をかりて、未知なる領域へジャンプするのです。

今日のめざまし
サプリメント

今日は、勇気を出してダメ出ししてもらおう。

「どうすれば、もっとよくなると思う?」

まわりにそう聞いてみよう。

44

by

平櫛田中

（彫刻家）

「やってやれないことはない。
やらずにできるわけがない」

「今やらねばいつできる　わしがやらねばだれがやる」

これは、平櫛田中《ひらくしでんちゅう》、98歳のときに書いた言葉です。

数々の名作を生み出し、文化勲章を受章した彫刻家・平櫛田中は、あるとき、50年分の木彫り用の木材をまとめ買いして庭に積み上げました。そして黙々と彫り続けた。50年分の木材を購入したとき、平櫛田中は何歳だったと思いますか？

１００歳です。１００歳のとき、「この先50年はやるぜ」と思っていたのです。

また、６００万円出して、木彫りの材料となるクスノキを3本買い込んでいます。10年乾燥させないと使えないクスノキを、１００歳を超えてから、６００万円出して買っているのです。

平櫛田中の、この圧倒的なエネルギーを生み出していた源は、朝にありました。毎日毎日、朝から木彫り用のノミをふるい一心不乱に彫った。家族の証言によると、彼は早起きで、なんと午前2時に起きて本を読んでいたそうです。朝6時には着物を着て朝食。庭での30分間の散歩。就寝は午後9時だったそう。

以前、ある編集者さんから2週間で本を1冊書いてほしいと頼まれたことがあります。

2週間なんて無茶だ。どんなに早くても3か月はかかります。なぜ2週間なのか、僕は理由を尋ねました。

その編集者さんは、会社をやめることになり、でも最後に、僕ともう一度本を作りたいという理由でした。

そんな理由ならば、思いに応えたい。でも2週間は無茶だ……。しかし、このとき、平櫛田中の言葉を思い出したのです。

「やってやれないことはない。やらずにできるわけがない」

編集者さんと打ち合わせした帰り道、僕はペットボトルの「お～いお茶」を買ってパソコンの横に置き、がむしゃらに書き始めました。2週間で書き上げるのは無茶です。でも、机にはお茶がある。だから、これは「無茶」じゃないぜ。そんな思いです（笑）。

それから2週間、布団で寝ませんでした。冬にもかかわらず床に毛布1枚。これなら寒くて途中で起きるからです。その2週間、編集者さんもガッチリ協力してくれました。

2週間後、僕の机の上には、「お～いお茶」と、すべてを書き終えた原稿がありました。

やってやれないことはない。やらずにできるわけがない。

ときには、人のタイミングにのってみることです。
自分の内側にある常識を破るチャンスとなります。

お〜いお茶♪

今日のめざまし
サプリメント

今日はお茶を買ってきて
机に置いて仕事を始めよう。
これで、どんなことを頼まれたって、
「無茶」じゃない！

45

by
相田みつを
（書家）

「本心 本気 本音 本腰 本物
本の字のつくものはいい」

かつて、僕は給料が10倍になったことがあります！

高校時代、郵便局でアルバイトをしていまして、月に2万円稼いでいました。その後、社会人になり給料が20万円に。2万円↓20万円。はい。給料が10倍です。はい、それが何か？（笑）。

さて、給料が10倍になった僕の幸せは10倍に増えたのでしょうか？

大学生の頃、僕は東京の八王子でひとり暮らしをしていました。家賃1万9000円。風呂なし。トイレ共同。部屋にエアコンもありませんでした。いまはお風呂もエアコンもあり、おまけに部屋には任天堂「Wii」まで完備してあります。

さて、僕の幸せは激増したのでしょうか？

僕の彼女は、僕と結婚するのが夢だって言い続けていました。そして夢を叶えて、妻になった彼女はこう言っています。

「選択ミスった！」（笑）

あれだけ気に入って買った3年前の服。いま着るときも感動がありますか？

得たものはすぐに当たり前になり色あせます。だから、「何かを得たら幸せになれる」と思っている人は、永遠に幸せに辿り着けないわけです。

でも、僕のなかで当たり前にならない、ずっと色あせない記憶もあるんです。

それは何かというと、本気で打ち込んだときの記憶です。

それが成功だったのか失敗だったのかに関係なく、本気で打ち込んだときの記憶は色あせません。初めてのアルバイト経験、郵便配達。地図を読めない男が（僕のことです）、道を覚えるのに必死だったあのときの記憶はいまだに鮮やかで、給料は2万円でしたが、あの記憶は、いまや僕にとっては

20万円もらっても譲りたくない大切な思い出です（200万円なら喜んで譲ります！　笑）。

本気で打ち込んだ時間、それは後に、あなたの心のダイヤモンドになります。振り返ったときに、そこにあるもの。それを「幸福」といいます。どれだけ稼げたか、ではなく、どれだけ本気で打ち込めたか、それがほんとの豊かさです。

「幸福」＝「本気で打ち込んだ時間」

今日のめざまし
サプリメント

打ち込むことは、どんなことでもいい。
さあ、何に本気で打ち込む？

46

by
福島正伸
（コンサルタント）

「どんな時でも手法は100万通りある！」

え⁉

僕は、ある男性の髪型に目が留まりました。

それは、うちの子どもが幼稚園に通っていたときの卒園式の日。幼稚園へ行くと、ひとりの男の先生に目が釘付けになりました。

「あれ、寝グセか？」

いや。どっから見ても100パーセント寝グセだ。卒園式といえば、一年で最も決めなければいけない日。しかし、その先生は寝グセだったのです。

「私は、いつも、今日が最後の日だという思いで一期一会で臨んでいます。だから、卒園の日といえどもいつも通り過ごすまででございます」

僕にはその寝グセが、そう語っているように見えました（気のせいかもしれませんが）。

「絶対、この先生、面白いはず！」

とは思ったものの、うちの子どもの担任ではなかったので、その先生のクラスの親御さんにいろいろ聞いてみたのです。すると、やはり、「寝グセ先生」はただ者ではなかったのでございます。寝グセ先生はこんな伝説をもっていました。

保護者参観の日。その寝グセ先生はピアノを弾いていました。

♪ポロン ♪ポロン ♪ポロン ♪♪♪ ♪ポロン ♪ポロン ♪ポロン

僕がリサーチしたお父さんによると、その寝グセ先生のピアノ演奏中、「何かおかしい！」と感じたのだそうです。よく演奏を聞いていると、

♪ポロン ♪ポロン ♪ポロン ♪♪♪ ♪ポロン ♪ポロン ♪ポロン

→ おかしかったのはここでした！

ピアノで演奏するのが難しい箇所になると、先生は突然、鼻歌でそこをカバーして乗り切っていたというのです！

僕は、そのエピソードに胸を打たれました。

寝グセ先生、実はピアノが苦手なんだそうです。

でも考えてみてください。ピアノを弾く目的はなんでしょうか？ それは、たったひとつです。子どもたちに気持ちよく歌ってもらうことです。だったら、弾けないところは鼻歌でカバーしたって全然ＯＫ！

その先生は、「人生にはどんなときだって、方法がいくらだってあるんだよ。だからあきらめてはいけないよ」ということを子どもたちに無言で教えていたのです（そうであったと信じたい）。

やはり、あの先生、ただ者じゃない！

忘れないでください。どんなときだって、方法は１００万通りあるんです！

今日のめざまし
サプリメント

今日は、仕事や人間関係などの行き詰まりを
打開するアイデアを１００個考えてみよう。
１００個考える。
そう思えば10個はでるはず（笑）。

47

by

藤原基央

（ミュージシャン）

「幸せじゃない瞬間も含めて幸せだと思います」

「楽しいことをやるのが人生だ」

「好きなことをやるのが人生だ」

そう思っていた僕に、幻想斬り士という肩書きをもつ、『気がついたらうまくいってた！ 心の法則』（青春出版社）の著者・若林宏行先生がこう言ってくれました。

「ひすいさんの世界観は好きか嫌いかになっていますよね。好きなもの以外には価値を置かない。それは世界を狭くするからもったいないですよー」

ガーーーーーーーーーーン。

でも、それ当たっているかも！

「ひすいさんの大好きなバニラアイス。大好きだからといって、朝昼晩毎日バニラアイスを食べたらどうなります？」

「体脂肪率が恐らく49パーセントくらいになると思います」

「ひすいさんの子どものことを考えてみてください。好きなことをしているときだけ成長している？　好きなことをしてないと背は伸びない？」

「何をしてるときも成長しています」

「みんなが好き勝手に仕事をしたら、それで社会はまわっていくと思いますか？」

それでふと気づきました。僕はどうやら無意識に「退屈」を恐れていたようです。だから、いつも楽しくなきゃいけない。いつも好きなことをしてないといけないと思っていました。そして、それができるのが成長だと思っていました。

「でも、ほんとにそれが成長？」「好きなことをしてるときだけが成長？」

と問われたときに、好きじゃないことだって大切だ、そんな当たり前のことが腑《ふ》に落ちました。


好きなことやってなくたっていいじゃん。

好きなことやってたっていいじゃん。

どっちでもよくなりました。いや、どっちもよくなりました。


「どっちでもいい」

「どっちもいい」

そう思えたら、世界が2倍に広がります。豊かさが2倍に増えます。

好きなことだけできるようになるのが自由だと思ってたけど、
好きじゃないことも大切にできたら、それはもっと自由です。

好きなことは幸せを深め、嫌いなことは人間の幅を広げてくれます。
どっちも素晴らしい！

今日のめざまし
サプリメント

今日は、嫌いなあの人を飲みに誘って、
じっくり話を聞いてみよう。
素敵なところが見えてきて、
案外好きになれるかも。

48

by
岡本太郎
（芸術家）

「道がふたつになったときに、
あえてあきらかに損だという
道を選ぶのが芸術家だ」

うちの息子が小学生のときのエピソードです。

息子はすごくモテたのであります（うらやましい）。

たとえば七夕。短冊にうちの息子と結婚できますようにと願いを書いた女の子がクラスにふたりもいたのです。20名もいない女子のなかからふたりも。

アイツ（息子）がなぜモテるのか僕は密《ひそ》かにリサーチしていたのですが、このたび、その全貌を解明しました。え？　いますぐ教えてくれって？

はい。はい。はい。朝からそう慌てないでください（笑）。いまからお伝えしましょう。

アイツは算数が苦手です。
3＋7＝7
宿題のノートにこう書かれていたのを僕は目撃してしまったのです。3に7を〝足しているのに〟答えは7のまま……。おい、おい。これは、足し算の概念を根本からわかってないことがわかる、絶対にやってはいけない致命的なミスです（笑）。しかし、僕はこれがヤツのモテの秘密のひとつだと気づいたのです。

モテルールその1　「細かいことは気にしない」

細かいことは気にしない息子は、男らしいのです。

まだモテの秘訣は続きます。「おまえ、算数のテスト、ぜんぜんわかんないだろ？」。僕がそう尋ねると、息子は「とおちゃん、それが大丈夫なんだよ。テストのときは後ろの子の答えを見てるから」と自信満々。自信を持つところが違うでしょー（笑）。それに、普通、席が横の子のを見るのがカンニングの鉄則。しかし、うちの子は後ろの子のを見るというのです！

冒頭の岡本太郎の名言、「道がふたつになったときに、あえてあきらかに損だという道を選ぶのが芸術家だ」。

そうか。うちの子は芸術家、アーティストだったんだ！　あえて葛藤《かっとう》の道を歩むために、後ろの子のを見ていたのです。多分（笑）。

モテルールその2「いつだって困難な方を選ぶ」

「でも、カンニングしてるわりに算数の点数低いよね？」
「うん。後ろの子が間違ってるからしょうがないんだよ。ははは」

モテルールその3「誰にだって間違いはある。だから、相手のミスは笑って許す」

さらに、うちの子は、僕が疲れてるときにマッサージをしてくれます。あるとき、僕はマッサージのお礼に10円を渡しました。すると、息子は自分の机の貯金箱に走っていき、「お釣りだよ」と僕にお釣りを手渡してくれたの

です。10円を渡したのにお釣りは……100円でした。算数が苦手って素晴らしいじゃないですか！（笑）

モテルールその4「いつだって受けた恩は10倍返し！」

なるほど。息子は、モテるわけですよね。

今日のめざまし
サプリメント

今日は4つのルールを守ってモテに行こう。
①細かいことは気にしない。
②困難な方を選ぶ。
③相手のミスを笑い飛ばす。
④受けた恩は10倍返し。

49

by
越智啓子
（精神科医）

「すべてはうまくいっている！
すべってもうまくいっている！」

世界7大聖山のひとつ、サンフランシスコ、シャスタの地。そこで、サンドイッチを買おうと入ったお弁当屋さんで、45分も待たされたことがあったんです。

映画監督の入江富美子監督の「へそ道」というワークショップに参加するために、友人のまことさんと一緒にシャスタに来ていたのですが、その日はみんなでキャッスルレイクという湖のほとりに観光に行くことになっていたんです。

その湖に行くために寄ったお弁当屋さんで、全然サンドイッチが出てこないんです。

45分後にやっとサンドイッチが出てきて、大幅に遅れて湖に着きました。ひとまず僕は、公衆トイレへ行き、出てくると、まことさんが慌てて走ってきてこう言ったのです。

「ひすいさん、この湖に、はせくらみゆきさんが来ているらしいです！　さっき日本人に声をかけたら、はせくらさんのツアーで来ていると言っていました」

はせくらさんは、本を一緒に書いた共著相手。一緒に書いた本の発売直前にばったり偶然アメリカのシャスタの湖で会うって、こんな偶然あり!?

そこで、僕とまことさんは湖のほとりの広大な林の中をはせくらさんを探して走り回ったのですが、なかなか見つかりません。はせくらさんの居場所がわからず、林の中で、まことさんが「はせくらさーん」と声をはりあげました。すると、

「は〜〜〜い」

どこからともなく声が聞こえてくるではありませんか！

声の方向に行くと、その湖のご神体の巨大な磐《いわ》の上で、はせくらさんは瞑

想していたのです。僕が視界に入るなり、はせくらさんは、「キャーーー！！ひすいさん、なんでここにいるの!?」と驚いて声をあげた次の瞬間、こう言ったのです。

「起こることは？」

僕は走りより、渾身の思いをこめてこう言いました。

「全部マル！！！」

そう、まもなく発売になる、僕とはせくらさんの本のタイトルが「起こることは全部マル！」だったからです。

この奇跡を実現してくれたのは、実は、サンドイッチ屋なんです。45分も待たされたことが結果的に功を奏したのです。45分遅れたことでちょうど、はせくらさんのツアーの方と会えて、しかもドンピシャのタイミングで、はせくらさんの休憩時間とぶつかり、ゆっくり話せたんですね。おまけに、その湖のご神体の磐の前でという絶妙すぎるタイミングでした。

すべてはうまくいっているんです。
うまくいったら、幸せ。うまくいかないときは、愛を深めるとき。
そう考えてみたら、すべってもうまくいってるんです。

今日のめざまし
サプリメント

何が起きても、すべてはうまくいっている。
今日は宇宙をまるごと信頼してみよう。

50

by

アルフォンス・デーケン

（哲学者）

「ユーモアとは、たんに楽しいこと、
面白おかしいことではない。
苦悩や落胆を味わった末、
『にもかかわらず笑う』。
これが真のユーモア精神です」

世界一の名言コレクターといわれる、ひすいこたろう。僕のメモ帳には1万3583個の名言が記されてます。

なかでも、今朝は1万8538個の名言リストから（さっきと数が微妙に違ってますね）、堂々1位に位置する名言中の名言をご紹介しましょう。

第40代アメリカ大統領、ロナルド・レーガンの名言です。

これぞ、名言ディープ・インパクトです！

共和党のレーガン政権の船出は、暗殺未遂事件に見舞われるという不穏な幕開けになりました。

ホテルの裏口で狙撃され、弾はレーガン大統領の心臓をかすめて肺の奥深くで止まり、かなりの内出血。救急病棟に到着した頃には、意識はあったものの、呼吸も困難。そして、いざ、弾丸摘出の緊急手術を始める直前。なんと、レーガン大統領は執刀外科医たちにこう言い放ったのです。

「あなた方がみな共和党員だといいんだがねえ……」

そうなんです！　命がかかわる大ピンチに、アメリカンジョークなんです！　これほどの土壇場で、レーガンは笑いをとっているんです。執刀外科医は民主党員だったそうですが、「大統領、今日1日われわれはみんな共和党員です」と、命がけのジョークに応えて、レーガンを喜ばせたそうです。

手術は全身麻酔を必要とする大掛かりなものでした。レーガンは当時70歳の高齢者です。絶体絶命、でも、そんなときに命がけのアメリカンジョークを繰り出した。しかも、その後のレーガン大統領は、驚異的なフルスピードで回復。なんと、3週間もしないうちに退院して、執務に戻りました。

退院して、執務に戻ったレーガンの第一声は、

「Hello ♪」

このときの「Hello♪」こそ、僕の心の名言第1位です。

業界では、「Hello♪」コレクターとしても一目置かれている僕ですが（どんなコレクターだ!?）、こんなかっこいい「Hello♪」は聞いたことがありません。命がかかっていても、ギャグで切り抜け、3週間後には何事もなかったように「Hello♪」と仕事を始める。

ロナルド・レーガン、恐るべし！


これからは、どんなピンチでも、笑いで切り抜けてみよう。

今日のめざましサプリメント

困ったときは、まず笑う。

笑ってから困ろう。

51

「勝者より笑者で行こう！」

by
ぴーち
（お笑いタレント）

「とおちゃん、1位になるからね」
息子が幼稚園に通っていた頃、そう僕に言ってきました。その日は幼稚園のマラソン大会でした。

息子「とおちゃん、1位になるからね」
ひすい「1位?」
息子「うん。1位」
ひすい「いいよ。1位にならなくたって」
息子「1位にならなくたっていいの?」
ひすい「当たり前じゃん。1位になって喜ぶのは誰?」
息子「僕と、とおちゃんとかあちゃんとねーちゃん」

ひすい「だよね。でも、もっとみんなが喜ぶ方法があるんだ」
息子「どうすんの？」
ひすい「スタートのときに面白いことやればいいんだよ。そうしたらみんな喜ぶ」
息子「うん。わかった。スタートのとき、いきなりしゃがんで『よ〜い、カメレオン！』ってやってみる」
ひすい「それだよ！　それ！」

位置について、よ───────────────────い。

「カメレオン♪」

カメレオンと化した息子は13位でした。

息子「とおちゃん、13位だったよ」

ひすい「おおおお！　そっか！　13位か。とおちゃん13日生まれだから実は13位が一番好きなんだよ」

そう言って僕は息子の頭をなでなでしまくりました。息子はうれしそうでした。

僕らはなんのために生まれてきたのでしょうか？

1位になるためでしょうか？

たしかに1位になるのも素晴らしいこと。でも、1位よりももっとすごいのは、まわりに喜ばれる存在になることです。

今日のめざまし
サプリメント

「どうしたら結婚できるんだろう?」

「どうしたら売り上げはあがるんだろう?」

と問うのではなく、

「どうしたら、もっと喜ばれるだろう?」

と問いの方向性を変えてみよう。

52

by

サン＝テグジュペリ

（フランスの小説家）

「大切なものは目に見えない」

奇妙な双子の実話です。

この双子は生後わずか4週間で引き離され、再会を果たしたのは39歳のとき。ミネソタ大学の研究者たちが調べた彼ら双子の境遇は、非常に不可思議なものでした。

ふたりの男の子は、どちらも事情を知らない養父母に偶然に「ジム」と名づけられ、「トイ」という犬を飼っていました。

さらに偶然は続く。大人になった彼らは、ふたりとも「リンダ」という名の女性と結婚し、その後、離婚して「ベティ」という女性と再婚しました。

そして、生後4週間で別れて以降、お互いの状況を知らないふたりが39年ぶりに再会したとき、ふたりはどちらも消防士で、その前は非常勤ながら保安官をしていたと知ったのです。偶然の連続！　仕事や好きになる女性の名前まで一致しているのはどういうことでしょうか？

以上のことを、ノーベル賞候補にノミネートされたこともあり、世界賢人会議・ブダペストクラブ会長のアーヴィン・ラズロ博士は著書の中でこう解説しています。

（※ブダペストクラブ＝世界の賢人が参加。ダライ・ラマやゴルバチョフら、ノーベル平和賞受賞者7人を会員にもつ）

「心理生理学者のJ・ワッカーマンが、双子の一人が離れた部屋で閃光を浴びるともう一人の脳の視覚野が活性化することを証明するfMRI実験の検討結果を示しています。そのような『刺激転移』実験は反復が可能で独立検証もできるものであり、疑いなく、脳から脳への非局在的転移のリアリティーを示しているのです」

そしてこう結論づけています。

「私たちも含めてあらゆる生物は単なるパーツの合計には還元できない『巨

視的な量子系』なのです」

要は、人間は離れていても何かしらのつながりをもっているってことです。アーヴィン・ラズロ博士は命のそのつながりの場を「生体場」と呼んでいます。

ちょっとニュアンスが違いますが、僕も不思議なつながりを感じたことがあります。

僕のデビュー作『3秒でハッピーになる名言セラピー』の発売前。編集者さんと、装丁家（デザイナー）さんと僕の3人で打ち合わせをしていたとき、ひょんなことから僕の失恋の話になったんです。

「忘れもしない、高校2年の12月12日。初恋の相手に告白しフラれたんです」というと、編集者さんが、「わーー。それ、わたしの誕生日！」と言ったのです。なんたる偶然。初恋の相手にフラれて、僕が人生で一番泣いた12月12日。1・2、1・2（イチニ、イチニ）と足踏みで、俺には3がこないのかと嘆いた日。まさか12月12日生まれの編集者さんが、『3秒でハッピーになる名言セラピー』という僕のデビュー作をつくってくれることになるとは！

イチニ、イチニの足踏みが終わり、ついに僕に3が訪れたんです！（笑）

「ちなみにヨネヤマさんという子にフラれたんです」というと、今度は、装丁家の穴田さんがビックリして声をあげました。

「え!? いま、私が飼ってる猫の名前が、ヨネヤマっていうんだけど！」

「えーーーーーーーーー!!!! なんで猫にヨネヤマなんて名前つけるんですか!?」

そう聞いたら、「私、お米が大好きだから、米の山ってワクワクするから」と。それで「ヨネヤマ」と恥ずかしそうに教えてくれました（笑）。

しかも、デビューである初出版を告げるメールを出版社さんからいただいたのは6月6日。12月12日のちょうど半分であり、その日は僕の結婚記念日だったのです。

まあ、すべてただの「偶然」だと言ってしまえばその通りなのですが、この「偶然」という字を調べてみると、また意外な事実がわかります。「偶然」という字は「人」＋「禺」＋「然」というつくり。「禺」は「会う」という意味で、「然」は「しかるべくして」（必然）という意味ですから、つまり「偶然」という字は「人が会うのは必然ですよ」と書いて「偶然」と読ませているわけです。

宇宙は、不思議でいっぱいです。

そんな不思議な宇宙のなかで、僕とあなたは、時空を超えて、どこかでちゃんとつながっている。「alone」（ひとりぼっち）の語源は「all one」（すべてひとつ）なんだそうです。命のつながりは、目には見えないけど、どんなに離れていても、今日もつながっているのです。

今日からシンクロ・ノートを作ろう。

不思議なシンクロニシティを感じたら、小さなことでいいから書いておくのです。

1年後に読み返すと、こう思うはず。

「自分は何者かに守られている、導かれているのかもしれない」

偶然は必然だと、人生を信頼できるようになります。

今日のめざまし
サプリメント

だいじょーぶ。ちゃんとつながっているよ。

53

by
ウィルヘルム・
フルトヴェングラー
（指揮者）

「感動とは人間の中にではなく、
人と人の間にあるものだ」

死なない生き物、不老不死の生物って、実はけっこうたくさん存在します。身近なところではイチゴ。イチゴは茎を伸ばして増えていく限り、寿命がないそうです。体内にいる大腸菌も寿命がない。環境さえあれば永遠に生きます。

そもそも、私たちはなぜ死ぬのか？

細胞分裂の限界がＤＮＡによって決められているからです。それを決めているのがＤＮＡの両方の端にあるテロメアです。テロメアが細胞分裂のたびに短くなり、なくなったときが寿命になります。

一方、寿命がない大腸菌のＤＮＡは輪になっていて端っこがないので、ずっと生き続けることができるのです。そこで寿命のある酵母菌のＤＮＡを遺伝子操作して、大腸菌のようにリング状にしてみました。すると、なんと、酵母菌は不老不死になりました。

しかし……。卵子と精子によって増える有性生殖の機能を失ってしまったのです。

ちなみに、寿命がない生き物たちは、みんな卵子と精子によらずに、無性的に増えます。つまり、父と母との遺伝子をもった子どもが生まれるためには、どうしても寿命、死が前提となるということです。

有性生殖にはパートナーが必要です。しかし無性生殖は相手を必要としません。どちらが生物として完全か？　断然、無性生殖です。自分ひとりで完結できるのですから。でも、あえて僕たちは不完全を選択したのです。

なぜか？

――出会いたかったからです。

人類は、永遠より、出会いをとったのです。

自らの欠けているパズルのピースを探すべく、旅に出て、困難に出会い、学び、そして世界を知る。そのために僕たちは文字通り、「命をかけた」のです。

人間は完全じゃないからこそ助けあえます。わかちあえます。

完璧じゃないからこそ愛しあえます。

すぐにはわかりあえないなか、それでもわかりたいと葛藤するなかで、愛が育《はぐく》まれていくのです。


出会うために、僕たちは命をかけたのです。

すべては愛を深めるために。

今日のめざまし
サプリメント

今日は、すべての出会いにありがとう。

54

by

「トップキャスター」

（テレビドラマ）

「この世で一番の宝探しは、人との出会いだ」

僕の人生に起きた奇跡……。

僕は赤面症で人見知り。小・中・高校の12年間、女性とろくに話したこともありません。大学で、サークルに入ってもなじめず3日でやめて、ひとり、山梨県に旅して、湖を眺めていたら、寂しくなって泣いてしまったことがありました。当時、流行っていたドラマの主題歌「ラブ・ストーリーは突然に」。ウソだ。ラブストーリーなんか、絶対に突然始まらないって嘆いていました（笑）。

そんな過去をもつ僕が作家としてデビューし、歴史的建造物の大阪市中央公会堂のステージに立つことになりました。

僕の本を読んで、「ひすいさんのおかげで人生が変わったからぜひお礼をしたい」と、大阪の主婦の方が「ひすい祭り」なるイベントを計画してくれたのです。1年かけて準備して、大正時代のネオ・ルネサンス様式の大阪市中央公会堂に1000名集めて満員にしてくれました。
ステージに立つと、1000名の観衆が「ひすいこたろう」とネームの入ったタオルをいっせいにふり、「ひすいさ〜ん」と黄色い歓声を上げてくれたのです。まるでアイドルです。このとき、「ジャ●ーズって、こういう気持ちかー」と体験させていただきました（笑）。まさか、そんな日がやってくるとは……昔の僕からしたら夢にも思いませんでした。

2004年、本が出る最初のきっかけをつくってくれたのは友だちの菅野一勢さんでした。パソコンがすごく苦手だった僕に「一度、俺の家に遊びにこない？」と家に呼んでくれてインターネットのことをひとつひとつ教えてくれた。そのおかげで始めることのできたブログ。

でも最初は誰も読んでくれる人はいません。そんななか、真っ先に面白いと広めてくれたのはコンサルタントの小田真嘉《まさよし》さんでした。そうして僕が書きためた内容を、出版社さんが1冊の本にまとめてくれました。

人生を振り返ったときに僕は気づいてしまいました。

僕の人生に起こった奇跡、そして人生が変わるきっかけは、神様が起こしてくれるわけではなかった。

奇跡を起こしてくれるのは、いつだって、いつだって……人だった!

ズバリいいましょう。神様の正体は人なんです。

神様の正体は、今日出会う人なんです。

今日のめざまし
サプリメント

今日出会う人こそ、あなたの神様です。
拝む気持ちで会いましょう。
なんなら拍手を打ってもいいですよ（笑）。

55

by
伊藤 守
（コーチング指導者）

「コミュニケーションはキャッチボール」

沖縄には、いわゆる超能力者的な、不思議な感性をもつ方がたくさんいます。その沖縄に、毎年、僕を講演で呼んでくださる亀甲和子さんという方がいて、毎回、すごい方をご紹介くださるんです。先日、ご紹介いただいたのは、足もみ師という肩書きをもつFさん。早速、足のマッサージを亀甲さんのお店でやっていただいたわけですが、Fさん、ただの足もみ師じゃなかったんです。

なんと、植物と会話ができる方だったのです。

「あっちの植物の方は、人見知りで、人が近づきすぎると、ストレスを感じますよ」「この植物は、いま、根ではなく葉っぱの方が、お水をほしがっていますね」などと、植物の気持ちがひとつひとつわかるのです。

それだけではありません。車の気持ちまでわかるんです！

駐車場で、会場に来ていた方に、Fさんは声をかけました。「いま、あなたの車から、あなたにメッセージを伝えてほしいと頼まれたのですが、お伝えしていいですか？」

ワォ！　人類史上初の、車からの伝言です（笑）。

「あなたの家の駐車場には、あなたの車の隣にも車が置いてありますよね？」

「はい。主人の車です」

「ご主人のその車に文句を言っていませんか？」

「いや。言っていませんよ」

「ほんとですか？」

「はい。言ってません。ただ、車の中で主人にはよく文句を言っています」

「それだですね、ご主人の車に、すごくストレスになっているようです。だから、夜になると、駐車場で、ご主人の車があなたの車に文句を言ってくる。

それが嫌だから、その文句をやめてほしいと、あなたの車が伝えてきています」

はい。あなたの想像を超えた世界に突入です。

モノにも魂があるんだそうです。だから、駐車のときは絶対、前（顔）を見せて駐車してほしいという顔に自信がある車や、逆に後ろ向きで駐車してほしい車、車にも一台一台個性があるのだとか。

モノにもちゃんと意識があるから、それを感じて、人と同じように接してあげるのが大事なのだそう。だから、Fさんは、発車するときに、「これから〇〇までよろしく」と目的地を伝えて挨拶してから走ります。

一緒に講演させてもらったときも、Fさんは必ず講演前と講演後、お客さんが誰もいなくなった空間に頭を下げてお礼をしています。机やホワイトボード、ひとつひとつの椅子もすべて「スタッフ」として丁寧に接しているんです。

そんなFさんに「ひすいさん、パソコンに名前をつけていますか？」と聞かれました。名前をつけるとモノとの意識がつながりやすくなるそうです。僕はまだ名前をつけてなかったので、早速その場で、自分のパソコンを感じて、女の子だなと思ったので、「ケイト」という名前をつけました。すると、不思議。名前をつけたら、すぐにパソコンのお掃除をしてあげたくなったのです。名前をつけた瞬間に愛おしさを感じました。

人と人とのコミュニケーションが一方通行じゃないように、モノに対しても、話しかけるだけじゃなく、感じてあげることが大切。だから名前も適当につけるのではなく、男性的かな、女性的かなとか、ちゃんとモノを感じてつけてあげるといいのだとか。

（そんな不思議満載のF先生は、このたび、『「第六感」で決めると、すべてに迷わなくなる！』という本を出版されたのでぜひお読みくださいね）

ささて東京に戻ってきてからです。「昔、車で大事故を起こしたことがあって」と話す友だちがいました。僕はピンときて、「車にどんな名前をつけていたの？」と聞いたら、「なんで私が車に名前をつけていたのがわかったの？」と驚いていました。

無事だったからこそいま、僕の目の前にいるわけで、ということは車が守ってくれたのではないかと思ったからです。事実、車が大破するほどの事故だったにもかかわらず、彼女の命に別条はなかったのだそうです。やっぱり車が守ってくれたのです。車を大切にしている人って、たいがい、車に名前をつけていますからね。

ちなみにその車の名前は〝そら〟くんでした。

今日のめざまし
サプリメント

今日はあなたの大切なモノを
しっかり感じたうえで名前をつけよう。
（あなたの朝のお友だちであるこの本にもね）

56

by
詠み人知らず

「明るい日と書いて、明日って読むんだよ」

人生において、小学校1年生というのは事件である。
水の中にいた両生類が、初めて陸に上がったときのような衝撃があるのではないでしょうか。だって、幼稚園は遊びに行くようなものなのに、それが小1でいきなり、「授業」が始まるからです。

いったい、何が始まるんだ！
「じゅぎょう」という未知なるものの前に、恐れおののき、同時に、少しだけワクワクしていたような気がします。

小学校1年生の国語の教科書、一番初めに習う言葉、それは何か。先生はゆっくり口をひらき、こう告げました。

「あさ」

あさ
あさ
あかるいあさ

うみがひかる
かわがひかる
やねがひかる

おはよう
おはよう
さあ、いこう

みんななかよし
さあ、いこう

小学校で一番初めに習うことは、「あさ、あかるいあさ」でした。「日」が昇り、「月」が沈み、また「日」が昇ると、「明日」という字になる。そして、その明日はいつだって「明るい日」ということです。

朝は、どうやら特別なようです。「おはよう」「こんにちは」「こんばんは」。これら挨拶のなかで、最も敬意が表されるのは「おはよう」です。「おはよう」だけが「ございます」をつけられるからです。「こんばんはございます」とは言いません。「おはようございます」です。朝は、やっぱり特別なのです。朝こそ1日の王様なのです。

そもそも日本の国旗だって、朝の象徴です。

幕末、日本の船にナショナルフラッグをつける必要性が生まれました。このとき、鹿児島城で、桜島に昇る朝日を見た薩摩藩のお殿様、島津《しまづ》斉彬《なりあきら》は、「あのさわやかな輝き出ずる太陽の光を以て、鎖国の夢を覚まさなければならぬ。日本の将来は、古代から日本人が命の恩として愛してきた、輝く太陽のようでなければならぬ」と考え、太陽のマークである「日の丸」を日本のナショナルフラッグにすることを、徳川幕府に提案しました。

日本の顔である日の丸は、朝日だったわけです。

僕は、今後の人生を「早起き大使」として、「グッドモーニング男」（略してモニ男《お》）として全うしたいとすら、この本の執筆を通して思うようになりました。だって、早起きのワル、朝5時起きの、早起きの犯罪者って聞いたことがありませんから。早起きのすすめで、地球にラブ&ピースがアッサリ実現する気がします。エコにもつながりますしね。

朝日は、物事を立ち上げていく力、始める力をあなたに与えてくれます。早起きで、ラブ&ピース。これが新時代の合言葉です。

さあ、あさだ。

今日のめざまし
サプリメント

今日は、友だちに早起きをすすめよう。
方法は簡単、友だちにこの本を
プレゼントしてあげればいいのです。
よろしくお願いします（笑）。

「魅力的な唇のためには、
優しい言葉を紡ぐこと。
愛らしい瞳のためには、
人々の素晴らしさを見つけること」

57

by
オードリー・
ヘップバーン
（女優）

101歳のおばあちゃんが、「お金はいらない」「服もいらない」とテレビで言っていました。では何がほしいって言っていたと思いますか？

「お金もいらないの。着物もいらないの。たったひとつの命もいらないの。優しい言葉がほしいのよ」

100年以上を生きてきて、一番ほしいもの、それは優しい言葉だった。だったら、100歳を過ぎてからと言わず、今日言ってあげませんか？

「あなたと出会えてよかった」
「あなたに会いたくて来たよ」
「あなたがいてくれて幸せです」
「あなたを産んでくれたお母さんにありがとう」
「あなたといると楽しいな」

「あなたでよかった」

「優しいね」

「あなたのそういうとこが好き」

「あなたのおかげです」

「Good job!」

「こんなの初めて！」

「面白すぎて死にそう」

「これ、ひとりでやったの？」

「うん。そうだよね。わかるよ」

「そんなときもあるさ」

「どうしてそんなにかわいいの？」

「ステキな名前ですね。誰がつけてくれたんですか？」

「すごいね。どうしたら、そんなふうにできるようになるの？」

「あなたのようになるには、どうすればいいですか？」

「がんばりすぎないでね」

「おいしい！　おかわり！」

「男前だね」

「がんばってきたんだね」

「面白いね。最高だね。ヤバイね。ハマるね。この本」（ありがとう！）

「生まれてきてくれてありがとう！」


応用例。

男「君は会うたびに美しくなる」
女「会ったのはついさっきよ」
男「その間に美しくなった」

（映画「ジョルスン物語」）

今日のめざまし
サプリメント

あなたは誰に、
どんな言葉をかけたくなりましたか？
優しい眼差しで、
優しい言葉をかけてあげよう。

58

by
赤塚不二夫
（漫画家）

「これでいいのだ」

フィンランドで行われた実験です。
その実験は40~45歳の上級管理職1200名を対象に行われたそうです。まず1200名を600名ずつ、ふたつのグループにわけました。一方は健康のスペシャリストの健康指導にそってまじめな生活を送ったグループ。もう片方はなんの指示・拘束もなく自由意思にもとづいて好きなように生活を送ったグループ。

15年後の健康状態を調べました。結果はどうだったと思いますか？
なんと、自由に生活していたグループの方が病気になる人が少ないという結果がでたのです。

あら~。

食にこだわることは、とても大切だと思うのですが、「あれもいけない。これもいけない」と神経過敏になるほど気にするのは、逆に、そのストレスの方が体によくないということもあるのでしょう。

そういう意味では、ある程度の、「いい加減さ」は、「よい加減」なわけです。
うん。これでいいのだ。
うん。それでいいのだ。
そのスピリットです。

この本を読んで、「明日から絶対に、早起きしよう」と決意をしている人もいると思うのですが、その〝絶対に〟という気合いは手放してＯＫです。いい加減に、適当に、早起きを心がけるくらいの方が長く続きます。

朝のプロフェッショナル（自分で言っちゃいました）、ひすいこたろうがここでお伝えしたいのは、「早起きできなかった日は気にするな」ということです。一般に人間の体調にはサイクルがあり、１週間のうちでは、２日間が絶好調、３日間が普通、残りの２日間はイマイチ、こんなリズムになっています。だから、寝坊した日は罪悪感を覚えるのではなく、きっと今日は体のために、睡眠が必要だったんだと、捉えればいいのです。

そもそも、毎日、早起きをしようと思わなくていいんです。フライデーモーニング、毎週金曜日は早起きの日。こんな感じで、週1から始めるのもいい。また、日本には「ついたちまいり」という素敵な風習があります。毎月初めの一日《ついたち》に神社に参拝し、無事過ごせた感謝を伝える風習です。ついたちまいりに倣って、毎月1日は早起きの日と決めるのもいいですね。

ガチガチよりも、ゆるく、ゆるりと、ゆうゆうと行こう。

「ゆ」のコトダマは癒やしの言葉。ゆったり、ゆっくり、ゆかいに、ゆうがに、ゆらいで、ゆるして、ゆめみて、ゆこう。

今日のめざまし
サプリメント

今日は、「ゆ」のコトダマを大切にして、
ゆったり過ごそう。
朝からお風呂にゆっくりつかるのもいいですね。
ゆゆゆ〜。

59

「かっこぐらいつけな」

by

斎藤一人

（実業家）

12月25日、クリスマスで大いに盛り上がって、
12月31日、除夜の鐘の響きを味わい、
1月1日、神社に初詣に行く日本人。
これは、海外ではありえないでしょう。外国では宗教の違いが殺し合いの戦争になるのに、キリスト教、仏教、神道、日本人は、違いをみとめてみんなまとめて楽しんじゃう。世界にとって、「違い」は「間違い」なんですが、日本は違いを「彩り」にできる。違うものと違うものを「和《あ》」えて、新しいものを生み出す。それが「和」の概念です。

そもそも、日本人が大事にしてきた叡智《えいち》である「神道」には「教え」がないんです。教えがない宗教なんて、他の国では考えられません。でも、教えがないからこそ、正義で人を裁かず、ケンカせずに相手に合わすことができるんです。
そして、教えがないということは、地獄がないということです。地獄がな

いから、誰か救世主に救ってもらわなきゃいけないという発想もありません。誰かにすがらなくても、ひとりひとりが自分の内なる叡智とつながっていけると考えていたからです。

さらにいうなら、日本の宗教である「神道」には、名前すらなかったんです。仏教が入ってきたので違いを表現する必要がでてきたので「とりあえず神道って名前にしとこうか」と名付けられたわけです（笑）。

教えはない。救世主もいない。名前すらない。そんなの宗教じゃない（笑）。そう、宗教じゃないんです。「神道」は宗教ではなく、日本人の「生活」だったんです。

では、教えがないかわりに、何があったのか。

美しいか美しくないかで判断する美学（感性）があったんです。

だから火薬で爆発させる技術が日本に伝わったときに、日本人は、それを鉱物資源の発掘などの自然破壊に使うのではなく、なんと花火に使った。これが日本人の感性なんです。

正しいか、間違いかではなく、損か得かでもなく、美しいかどうか、その基準で生活していたのです。

粋か野暮か。

いまは忘れかけられている、この美学を復活させてこそ、日本に新しい朝はやってくると思います。

今日のめざまし
サプリメント

「100パーセント愛の自分なら、ここはどうするか？」
迷ったときは、そう考えてみよう。

60

by
棟方志功
（版画家）

「三万六千五百朝」

20世紀の美術を代表する版画家・棟方志功。

棟方志功は、毎日公園で写生をし、描き終わると風景に対して合掌しているような子どもでした。その棟方、67歳で文化勲章を受章した際、こんなコメントを残しています。

「僕になんかくるはずのない勲章を頂いたのは、これから仕事をしろというご命令だと思っております。片目は完全に見えませんが、まだ片目が残っています。これが見えなくなるまで、精一杯仕事をします」

板画という言葉を使った棟方は板との対話を心がけていました。そして自らを「板極道」と名乗った。棟方の板画への思いはこの言葉に表れています。

「愛シテモ、アイシキレナイ。
驚イテモ、オドロキキレナイ。
歓ンデモ、ヨロコビキレナイ。

悲シンデモ、カナシミキレナイ。
ソレガ板画デス」

冒頭の棟方志功の言葉「三万六千五百朝」。

これは1年は365日ですから、100歳まで生きたって、3万6500回しか朝を体験できないということです。

だから、ひと朝だってムダにはしない。片方の目が見えなくたって、もう片方の目で描いてやる。そんな棟方志功の決意を示した言葉です。

毎朝＝MY朝＝3万6500回。

僕らは、朝が来るたびに生まれ変わっている。この本の最初にそう書かせていただきましたが、人生は3万6500回生まれ変われるチャンスがあるということです。棟方志功のようにひとつひとつの朝を大切にしていきたいものです。

メイクアップアーティストの藤原美智子さんは、「Happy Birthday」と書かれたカードを額縁に入れて、よく目がいく場所に飾っているそうですが、それは、「毎日が誕生日のように、新しい朝を迎えたいから」だそうです。日々、「今日が始まり」と思えば、それだけで清々しく、ハッピーになれるのです。

今朝、あなたは新しく生まれ変わったのです。
だから、これまでは一切関係ない。大切なのは、これからどう生きたいかです。

今日から新しい1日です。
僕らは、毎日、新しい自分で、初めての1日を生きています。
本日、ただいま誕生。

今日のめざまし
サプリメント

朝生まれて、夜死ぬ。
1日を一生のように生き切ろう。

あとがき
New Morning

「日本の夜明けは近いぜよ」

by
坂本龍馬

友だちのお兄さんは、陸上自衛隊の一員として、東日本大震災の避難所へ行きました。

お兄さんの部隊は食事・お風呂係。用意する食事は1日1000食以上、朝は6時に配膳完了しなければいけないので、3時起きだったそうです。お風呂は4日おき。そしてテントでの生活。友だちは、お兄さんとメールで何回かやりとりしたあとに電話をした。

「お風呂が4日おきって大変じゃん！」

兄「いや大変じゃない」

「3時起きは大変だよね？」

兄「いや大変じゃない」

「テントでの寝泊まりは大変だよね？」

兄「いや大変じゃない」

そのときすでに1か月以上そんな生活が続いていたのです。どう見ても大変としか思えないのに、お兄さんは「大変じゃない」の一点張り。自衛隊って普段から訓練しているから、その訓練の方が大変らしいのです……。

陸上自衛隊は、ほぼ毎月のように1週間程度、山の中で生活をしています。その1週間はお風呂にも入れない。山の中だから害虫もたくさんいる。もちろんテント生活は自給自足。お兄さんはそんな生活をもう20年以上送ってきている。だから、被災地の応援ができるのです。お兄さんはこう言っていたそう。

「なんだって大変と思えば大変。いまは大変とか言ってられない。子どもたちが『ありがとう』って言ってくれるから励まされてるんだ」

避難所には子どもたちからの手紙がたくさん届くそうです。

「大変」なとき、それは「大」きく「変」わるときです。

自衛隊の人たちや、全国から被災地にかけつけて、がんばってくれているボランティアの人たちを見て大きくなる子どもたちは、将来、どんな大人に育つのでしょうか。

「誰かのためになれる人生こそ、一番かっこいい」

そう思う人に育っていくことでしょう。


先日のこと。マンションに住む僕は、エレベーターで下りて外に出かけようとしたら、うちの子どもたちにこう言われました。「とおちゃん、エコだよ、エコ。階段で行こう」

そんな子どもたちがこれからつくっていく社会は、きっといままでとは違う、新しい文明になるはずです。

最後に、日本最古の歴史書『古事記』の中の、岩戸隠れの神話をお伝えさせてください。アマテラスオオミカミが岩のほら穴にひきこもり、この世界が闇に覆われ、朝が来なくなってしまったときのことです。困った神様たちが、最初にやったことはなんだったのか。

「コケコッコーーーー」


トリを鳴かせることでした。

いつまでも暗闇に嘆いていたってしょうがない！

朝は必ず来る！

この世界に光を取り戻すために、神様たちが、一番初めにやったことは、トリを鳴かせ、「朝が来るんだ！」と〝宣言〟することでした。

そして、アマテラスがひきこもってしまった岩戸の前で、アメノウズメが踊り、みんなでお祭りをしたのです。神様たちは、暗闇のなかで、それでも、希望の朝は来ると宣言し、踊り、笑い、楽しんだのです。
すると、その笑い声につられて、岩戸からアマテラスが顔を出して、闇夜の世界に光が戻ったのです。

今、ここで「最高の自分を生きる！」と声に出して宣言しよう。宣言したら笑おう。
いよいよこれからお祭りの始まりだ。

僕は知っています。
闇夜に朝をもたらす存在こそ、君なのだと。
それを僕はあなたに告げたくて、この本を書きました。
最後まで読んでいただき、ありがとうございました。

新しい朝を始めよう。

あなたができることで、目の前の人を笑顔にするのです。
その先に新しい朝が待っています。

New Morning
日本の夜明け、それは、この星の夜明けです。

ひすいこたろうでした。

出典・参考文献

・『朝型人間の奥義』税所弘（講談社）
・『早起きは「3億」の徳』哀川翔（東邦出版）
・『納税日本一億万長者が語る　運命は変えられる』斎藤一人（KKロングセラーズ）
・『善の研究』西田幾多郎（岩波書店）
・『加藤千恵処女短歌集　ハッピーアイスクリーム』加藤千恵（中央公論新社）
・『日記』ジュール・ルナール（『ジュール・ルナール全集』柏木隆雄編訳　住谷裕文編
打田素之／小谷征生／七尾誠訳）（臨川書店）
・『終末のフール』伊坂幸太郎（集英社）
・『経営の哲学』P・F・ドラッカー　上田惇生翻訳（ダイヤモンド社）
・『致知』2007年2月号（致知出版社）
・『早起き力』神吉武司（PHP研究所）
・『時間とムダの科学』大前研一ほか（プレジデント社）
・『半ばの真実』アンリ・ド・レニエ
・『今日の風、なに色？』辻井いつ子（アスコム）
・『超訳　ニーチェの言葉』ニーチェ　白取春彦編訳（ディスカヴァー・トゥエンティワン）
・『強く生きる言葉』岡本太郎／岡本敏子（イースト・プレス）

・『週3回「遅寝早起き」で人生がうまくいく』税所弘（講談社）
・『深呼吸する言葉』きつかわゆきお　http://d.hatena.ne.jp/metakit/
・『ユーモアで行こう！』萩本欽一（ＫＫロングセラーズ）
・『僕のアニキは神様とお話ができます』龍&アニキ　http://ameblo.jp/signest/
・『呼吸入門』齋藤孝（角川書店）
・『日本人の成功法則』神田昌典／渡部昇一（フォレスト出版）
・『風にきいてごらん』葉祥明（大和書房）
・『両手いっぱいの言葉　４１３のアフォリズム』寺山修司（新潮社）
・『宮大工棟梁・西岡常一「口伝」の重み』西岡常一／西岡常一棟梁の遺徳を語り継ぐ会（日本経済新聞社）
・『漢字セラピー　五つ星のしあわせ』ひすいこたろう＋はるねむ（ヴィレッジブックス）
・『CosMos コスモス』アーヴィン・ラズロ／ジュード・カリヴァン　村上和雄監修
和波雅子／吉田三知世翻訳（講談社）
・『人生に悩んだら「日本史」に聞こう』ひすいこたろう＋白駒妃登美（祥伝社）
・『文明論』岸根卓郎（東洋経済新報社）
・『幸運の印を見つける方法』森田健／山川健一（幻冬舎）
・『人生が１００倍楽しくなる名前セラピー』ひすいこたろう＋山下弘司（毎日コミュニケーションズ）
・『LOVE&THANKS』（January-February ２０１１ No.022）江本勝（OFFICE MASARU EMOTO）
・『脳からストレスを消す技術』有田秀穂（サンマーク出版）

・『税所式　日本人のための睡眠雑学100』税所弘（講談社）
・『3秒でハッピーになる　名言セラピー』ひすいこたろう（ディスカヴァー・トゥエンティワン）
・『ココロの教科書』ひすいこたろう+スズキケンジ（大和書房）
・『本当のことだから』山元加津子（三五館）
・『われわれはなぜ死ぬのか』柳澤桂子（草思社）
・『ザ・バースデー　365の物語』ひすいこたろう+藤沢あゆみ（日本実業出版社）

Special Thanks

Takuhirasawa　Kanako

まきっぺ♪　eco no 実 tommy

亀甲和子　仁実　すっこやか

アンジー＆カツ　アンチョビ

明里　にこ　矢野惣一

君野未来　MACHIDA

若林宏行　Ren　チームひすい

Iwatekinya　京都てんな

神戸ワンちゃん　福岡たけ

もりっぺ♪　kamisama

白駒妃登美　知笑　hiroki

円堂愛子　モニ男（笑）

ひすいブレーン（あやか

ほんとも隊長　おもちかあちゃん）

次はここでお会いしましょう。

メールアドレスをご登録いただくと、

名言セラピーが無料で届きます。

「3秒でHappy? 名言セラピー」

http://www.mag2.com/m/0000145862.html

(まぐまぐ　名言セラピーで検索)　登録してね。

ファンメールも寝ずにお待ちしてます（笑）。

こちら　hisuikotaro@hotmail.co.jp

本書は、二〇一一年八月に小社より出版された『朝にキク言葉』を改題し、
加筆・修正したものです。

サンマーク文庫

人生が変わる朝の言葉

2016年5月30日　初版発行
2024年5月20日　第4刷発行

著者　ひすいこたろう
発行人　黒川精一
発行所　株式会社サンマーク出版
東京都新宿区北新宿2-21-1
電話 03-5348-7800

フォーマットデザイン　重原 隆
印刷・製本　共同印刷株式会社

ISBN978-4-7631-6076-8　C0195

ホームページ　https://www.sunmark.co.jp

サンマーク文庫 好評既刊

毎朝1分で人生は変わる
三宅裕之
「やる気」に火をつける達人が伝授する、人生を好転させるカンタンな方法！ 小さなアクションを起こそう。
600円

毎朝1分でリッチになる
三宅裕之
身も心も豊かなお金持ち＝「リアル・リッチ」が実践する、116の習慣を大公開！ 習慣を変えれば人生が変わる。
680円

きっと、よくなる！
本田 健
600万人にお金と人生のあり方を伝授した著者が、「いちばん書きたかったこと」をまとめた、待望のエッセイ集。
600円

夢をかなえる勉強法
伊藤 真
司法試験界の「カリスマ塾長」が編み出した、生涯役立つ、本物の学習法。勉強の効率がぐんぐん上がるコツが満載。
571円

記憶する技術
伊藤 真
記憶力は、一生、鍛えることができる。司法試験界の「カリスマ塾長」による、記憶を自由自在にコントロールする方法。
600円

※価格はいずれも本体価格です。